Rita Pilaske

Die verborgenen Heilkräfte unserer Bäume

- Altbewährte und neu entdeckte Heilmittel
- Tees, Salben, Tinkturen, Bäder
- Baummeditation zur Entspannung

MIDENA

Die Autorin: Rita Pilaske ist ausgebildete Gesundheitstherapeutin nach Dr. Simenton und beschäftigt sich seit vielen Jahren mit sanften Heilverfahren wie Bachblütentherapie, Aromatherapie und Bioenergetik.

Hinweis: Die Inhalte des vorliegenden Ratgebers sind sorgfältig recherchiert und erarbeitet. Dennoch kann aus rechtlichen Gründen weder von der Autorin noch vom Verlag eine Haftung oder Gewähr übernommen werden.

Die Deutsche Bibliothek – CIP-Einheitsaufnahme

Pilaske, Rita:
Die verborgenen Heilkräfte unserer Bäume : altbewährte und neu entdeckte Heilmittel ; Tees, Salben, Tinkturen, Bäder ; Baummeditation zur Entspannung / Rita Pilaske.
– Augsburg : Midena, 1998
ISBN 3-310-00412-0

Midena Verlag, Augsburg

Redaktion: Franz Leipold
Layout: Marion Kraus, Midena Verlag
Satz: satz-studio gmbh, Bäumenheim
Reproduktionen: Typework Layoutsatz & Grafik GmbH, Augsburg
Zeichnungen: Klaus Dursch, Fürth
Fotos: Reinhard-Tierfoto, Heiligkreuzsteinach
Umschlaggestaltung: S/L Kommunikation
Druck und Bindung: Offizin Andersen Nexö Leipzig – ein Betrieb der INTERDRUCK Graphischer Großbetrieb GmbH

Printed in Germany

ISBN 3-310-00412-0

Inhalt

Vorwort

Wüßt ich genau, wie dies Blatt
Aus seinem Zweig hervorkam.
Schwieg ich auf ewige Zeit
Still, denn ich wüßte genug.

Hugo von Hofmannsthal

Bäume sind mehr als nur Pflanzen, sie sind seit Urzeiten Sinnbild des Lebendigen und wegweisend für uns Menschen. Angepaßt an den Rhythmus der Natur, durchläuft der Baum alle Stadien des Lebens und symbolisiert darüber hinaus das Erwachen nach dem Tode. Seine sich ständig erneuernde Lebenskraft, seine Lebensfülle nach der langen Winterstarre hat viele Kulturen in Staunen versetzt. Bäume haben schon in frühester Zeit den Stoff für Mythen, Sagen und Legenden, ja sogar Analogien zum Diesseits und Jenseits geliefert.

Einen großen Wissensschatz haben uns die Kelten mit ihrem praktizierten Baumkult überliefert, in dem sie ihre Verbundenheit mit den Wesenheiten der Bäume, der Erde und des Himmels zum Ausdruck brachten. Für sie waren Bäume, insbesondere die Eichen, der Sitz des Göttlichen. Darüber hinaus sind viele keltische Sitten – wenn auch durch das Christentum in abgewandelter Form – in unsere Tradition und unser Brauchtum übergegangen. Heute erwacht die Bedeutung der Bäume zu neuem Leben.

Mit großer Freude habe ich an diesem Buch über unsere Bäume und Sträucher gearbeitet. Sie haben mich in ihren Bann gezogen und dazu inspiriert, diese Fülle an Rezepturen und Anwendungsmöglichkeiten zusammenzutragen. Je mehr ich über unsere Bäume schrieb, desto mehr Geschichten, Sitten und Gebräuche, Sagen und Rezepturen kamen auf mich zu. Manchmal hatte ich den Eindruck, daß die Bäume ihr langes Schweigen beenden und sich selbst in Erinnerung rufen, um ihre gewichtige Präsenz kundzutun.

Vieles über die Heilkraft unserer Bäume ist im Laufe der Jahre und Jahrhunderte verloren gegangen. Was an altem Wissen erhalten geblieben ist, war nur mit größter Beharrlichkeit auffindbar. Angesichts der Verehrung und der immer wieder festgestellten Zusammengehörigkeit von Mensch und Baum viel es mir nicht leicht abzuwägen, was ich in einem Gesundheitsbuch an historischem Wissen einflechten könnte. Alles war mir gleichermaßen wichtig, bedeutungsvoll und erhaltenswert. So entstand dieses Buch, gespickt mit Kuriosem, mit Nachdenklichem und mit reichhaltigen Anwendungsmöglichkeiten.

In dem Kapitel »Botanik, Geschichte und Kultur« läßt sich erahnen, welch hohen Stellenwert unser Bäume in früheren Zeiten genossen. Auch wenn uns heute manche der Anwendungen seltsam erscheinen, zeigen sie doch, welch wichtige Rolle den Bäumen für Heilzwecke zukam. Viele Rezepte entwickelten sich aus diesen Überlieferungen, und manche sind sehr alten Gesundheitsbüchern entnommen, sofern sie mit heutigen Erkenntnissen übereinstimmten.

Am Ende des Buches finden Sie Rezepturen für Teemischungen, die immer sinnvoll und nützlich sind, wenn einzelne Pflanzenwirkstoffe nicht den gewünschten Heilwert erbringen.

Wichtig

Wenn Sie mit der Selbstbehandlung nach einigen Tagen keine Verbesserung Ihrer Beschwerden erreichen, sollten Sie auf jeden Fall zum Arzt gehen.

Dennoch haben Sie die Möglichkeit, jede angewendete Therapie zu unterstützen und den Genesungsprozeß zu fördern, indem Sie sich und Ihre Sorgen annehmen, den inneren Kampf beenden und sich für positive Einflüsse öffnen. Versuchen Sie mögliche Veränderungen Ihrer Lebensgewohnheiten in Erwägung zu ziehen, was besonders bei schweren oder chronischen Krankheiten wichtig ist. Natürliche Heilmethoden setzen Geduld und Ihr persönliches Mitwirken voraus; sie greifen nicht revolutionär in das Körpergeschehen ein, sondern unterstützen sanft den Heilungsprozeß und führen zurück zur ganzheitlichen Harmonie.

Das Buch bietet Ihnen auch eine Meditationsübung an. Es muß nicht diese sein, auch autogenes Training oder andere Entspannungsübungen tragen dazu bei, das innere Gleichgewicht wieder herzustellen. Wenn Sie das Gefühl haben, den Boden unter den Füßen zu verlieren, oder glauben, all dem Streß und den sozialen Verpflichtungen nicht mehr gewachsen zu sein, können Sie sich mit dieser Meditation wunderbar erden und Ihre gesamte Gemütsverfassung stabilisieren.

Folgen Sie Ihrem Gefühl für das, was Ihnen guttut. Es ist die richtige Entscheidung. Niemand kennt Ihre Bedürfnisse und Sehnsüchte so genau wie Sie selbst. So einzigartig wie Sie sind, so einzigartig ist auch der Lebenspfad, auf dem sie sich befinden.

Preußisch-Oldendorf, im Frühjahr 1998
Rita Pilaske

Apfelbaum

Botanik, Geschichte, Kultur

Der Apfelbaum *(Malus sylvestris)* gehört zur Familie der Rosengewächse, seine Wildform ist der Holzapfel. Er erreicht eine ungefähre Größe von 5 bis 10 Metern, die je nach Art und Standort variiert. Seine Blätter sind oval geformt, vorne spitz zulaufend, am Rand gezähnt und an der Oberseite glänzend-grün, an der Unterseite eher wollig. Seine weiß- oder weiß–rosafarbenen Blüten, die noch vor den Blättern im April/Mai erscheinen, stehen in Dolden beieinander. Sie setzen sich aus zahlreichen Staub- und fünf Kelchblättern zusammen.

Frühe Sorten, wie der Klarapfel, reifen schon im August bis in den September hinein. Herbst und Wintersorten sind im September oder von September bis Oktober pflückreif.

Tip

> Zum Lagern eignen sich nur die späten Sorten. Achten Sie dabei auf optimale Bedingungen, sonst könnten die Äpfel in kürzester Zeit runzelig werden oder gar faulen.

Bei einer kleinen Menge empfiehlt es sich, die Äpfel in Polyäthylenbeutel mit etwa zwei bis drei Kilo Inhalt zu verpacken. Stechen Sie nach etwa 14tägiger Lagerzeit kleine Löcher hinein, dann halten sich die Äpfel durch die eigenen austretenden Gase selber frisch, und der Reifungsprozeß verzögert sich.

Wenn Sie einen Kellerraum besitzen, der nicht von der Heizungsanlage erwärmt wird, etwa Temperaturen zwischen 4 und 6 °C sowie eine hohe Luftfeuchtigkeit aufweist, haben Sie schon sehr gute Bedingungen zum Lagern größerer Äpfelmengen. Zuviel Wärme läßt die Früchte zu stark atmen, dadurch geben sie zuviel Feuchtigkeit ab und verderben sehr schnell.

Vorsicht

Äpfel und Kartoffeln harmonieren nicht zusammen und dürfen deshalb nie im gleichen Raum aufbewahrt werden.

Die Lageräpfel sollten immer mit dem Stiel nach oben liegen und mit etwas Abstand voneinander ausgebreitet werden. Wenn Sie ganz sorgfältig arbeiten möchten, wickeln Sie die einzelnen Früchte in Seidenpapier ein.

Das Interesse an alten Obstsorten hat erfreulicherweise wieder zugenommen. Fragen Sie bei Neupflanzungen in einer Baumschule nach; dort gibt man Ihnen genaue Auskünfte darüber, welcher Baum im Hinblick auf Bodenverhältnisse, klimatische Bedingungen, Wuchsgröße, zu erwartenden Ertrag, Befruchtersorten oder Geschmack am besten in Ihren Hausgarten paßt.

Bevorzugen Sie Apfelsorten mit hohem Gehalt an Vitamin C.

Da der Apfel nicht nur ein ausgesprochen schmackhaftes Nahrungsmittel ist, sondern darüber hinaus – ob gebraten, gekocht, als Tee, Apfelwein u.v.m. – große Heilwirkung entfaltet, wäre es sinnvoll, Apfelsorten mit hohem Vitamingehalt zu bevorzugen, z.B. Berlepschapfel (31 mg Vitamin C), Ananas Renette (21,1 mg Vitamin C) oder Boskoop (20,6 mg Vitamin C). Dagegen beinhaltet der Cox Orange mit 10,5 mg schon weniger Vitamin C, während der häufig gekaufte Golden Delicious ebenso wie der Granny Smith gar nur 8 mg aufweist.

Apfelblütentee hilft bei vielen Beschwerden.

In fast allen Kulturen der Erde wurde dem Apfelbaum, vor allem seiner roten Frucht, besondere Bedeutung verliehen. Der Apfel galt als Symbol der Liebe, der Fruchtbarkeit, der ewigen Jugend und Schönheit. Man nahm an, daß der Verzehr von Äpfeln all diese Tugenden auf den Menschen übertrage.

In der christlichen Zeit stellen verschiedene Abbildungen Jesus mit einem Apfel in der Hand dar, als Symbol für die Erlösung von der Erbsünde. Somit wurde der Apfel auch Sinnbild der Verlockungen, denen schon Adam und Eva im Paradies nicht widerstehen konnten, der irdischen Begierden und der Sünde. Zu Ehren Christi Geburt ist es noch heute Brauch, an Weihnachten den Baum mit roten Äpfeln zu schmücken.

Ein schöner Brauch war es auch, das Badewasser eines neugeborenen Knaben unter einen Apfelbaum zu gießen. An dieses Ritual war der Wunsch geknüpft, daß der Baum so prächtig wachsen und gedeihen möge wie das Kind – oder daß das Kind so gut wachsen sollte wie der Baum. Bei der Geburt eines Mädchens wurde ebenso verfahren, nur wurde hierfür ein Birnbaum verwendet.

Wirkstoffe und Anwendungen

Inhaltsstoffe	Pektin Enzyme Apfelsäure Gerbsäure Tannin Vitamin A, B, C, E Eisen	Kalzium Kalium Phosphorsäure Magnesium Schwefel Kieselsäure ätherische Öle
Wirkung	cholesterinsenkend harntreibend blutreinigend fiebersenkend	kräftigend stopfend abführend gewichtssenkend
Anwendung bei	Rheuma Gicht Herzbeschwerden Gefäßerkrankung Leber-Nieren-Erkrankungen	Zu niedrigem Blutdruck Hautekzemen Nervenstörungen Magen-Darm-Katarrh

Der Apfel ist vielseitig verwendbar:
- als Nahrungsergänzung,
- zu Heilzwecken in Eigentherapie
- oder begleitend zur medizinischen Behandlung.

Dank seiner großen Zahl an wertvollen Inhaltsstoffen, wie Vitamine, Mineralien und Spurenelementen, und seines hohen Pektingehaltes verlieh man ihm die Bezeichnung »König der Früchte«.

Pektin kennen Sie von der Marmeladenzubereitung, wo es zur Versteifung eingesetzt wird. Medizinisch gesehen sind Pektine weitaus bedeutender. So wird empfohlen, bei Arterienverkalkung oder zur Vorbeugung eines Herzinfarktes täglich Äpfel zu verzehren, da das Pektin u.a. den Cholesterinspiegel senkt.

Eine **Apfeldiät,** die ausschließlich aus Fruchttagen bestehen sollte, kann bei Verdauungsstörungen, schweren Magen-Darm-Entzündungen oder Gewichtsproblemen helfen. Im Darm quellen die Pektine auf und binden dort übermäßige Flüssigkeitsmengen. Dabei absorbieren sie giftige Stoffwechselprodukte, die durch eine schnelle Darmpassage entfernt werden. Durch ihren Gehalt an Gerbstoffen wirken die Äpfel adstringierend auf die Schleimhäute des Darms; gleichzeitig werden Entzündungen gehemmt. Pektin wird bei bestimmten Erkrankungen auch in die Blutbahn gespritzt, da es die Gerinnungsfähigkeit des Blutes fördert.

Für Kinder sind die vielen Vitamine und der hohe Phosphorgehalt ideal, da sie als Nervennahrung dienen; der hohe Kalziumanteil fördert das Knochenwachstum.

Es wird auch geschrieben, daß nach mehrtägigem Genuß von Äpfeln der Geschmack von Zigaretten verleidet wird. Vielleicht ist das ja ein wünschenswerter Nebeneffekt bei einer angewendeten Diät. Falls Sie Raucher sind und bislang erfolglos waren in Ihrem Vorhaben, mit dem Rauchen aufzuhören, versuchen Sie es doch einfach mal. Es ist sicherlich eine sehr gesunde Methode.

Ob als Frucht oder als Saft: »Ein Apfel am Tag hält den Doktor fern.«

Volksmedizinische Weisheiten

- Sauren Äpfeln wird nachgesagt, sie seien von kalter Natur. Gerieben werden sie als Mittel gegen Durchfall angewandt. Süße Äpfel dagegen seien voller Wärme und wirken leicht abführend.
- Süße Äpfel, gebraten und lauwarm auf das Auge gelegt, lindern Augenschmerzen. Mit Rosenwasser vermengt, dienen sie als schmerzlindernder Umschlag.
- Saure, in Butter gebratene Äpfel werden als Stärkungsmittel bei verschiedenen Krankheiten verwendet.
- Zerstoßene Apfelblätter legt man auf Geschwüre, um die Hitze herauszuziehen.

Bach-Blüten

»Crab Apple«, die Bachblütenessenz des Holzapfels, fördert auf energetischer Ebene die innere Reinigung. Sie ist für Menschen gedacht, die permanent von Gedanken an Reinlichkeit, an pedantische Sauberkeit bezüglich ihrer Umgebung oder ihres Körpers gefesselt sind. Die Betroffenen entwickeln zuweilen zwanghafte Vorstellungen, die immer mit der Angst vor Ansteckung und Unsauberkeit oder mit Ekel vor bestimmten Dingen zusammenhängen. Sie neigen zu der Vorstellung, das sie sich und ihre Seele reinwaschen könnten. Die Bachblüte Crab Apple soll dem Menschen helfen, sich selbst anzunehmen.

»Crab Apple« hilft dabei, sich selbst anzunehmen.

Wie schön wäre es, wenn diese Menschen den schweren Traum ihrer Vergangenheit abschütteln könnten wie in dem Gedicht von Theodor Fontane, wo der Apfelbaum nach der langen Winterzeit den schweren Traum seiner Winterruhe abschüttelt.

Rezepte

Apfelblütentee

- Lassen Sie 40 g frische oder getrocknete Apfelblüten etwa 10 Minuten in 1 l kochendem Wasser ziehen.

Bei Heiserkeit, Fieber, Husten, Nierenerkrankungen, Ekzemen und allgemeiner Erschöpfung trinken Sie täglich 3 bis 4 Tassen.

Apfelschalentee

- Gießen Sie 10 g frische oder getrocknete Apfelschalen mit 1 Tasse kochendem Wasser auf und lassen Sie das Ganze einige Minuten ziehen.

Dieser schmackhafte Tee wird bei Fieber und Entzündungen angewendet. Weiterhin fördert er die Ausscheidung von Harnsäure. Trinken Sie am Tag zwei bis drei Tassen davon.

Absud

- Schälen und zerkleinern Sie 3 bis 4 Äpfel.
- Kochen Sie sie in einem $^1/_2$ l Wasser kurz auf und lassen Sie das Ganze ca. 30 Minuten ziehen.

Der Absud wirkt leicht abführend und harntreibend. Er beruhigt die Nerven und führt zu angenehmer Entspannung.

Tip

Mit Honig gesüßt, ist dieses Rezept eine sehr gute Nervennahrung für Kinder. Der Saft und die Apfelstückchen werden über den Tag verteilt verzehrt.

Sirup

- Kochen Sie 1 kg geviertelte Äpfel kurz in 1 l Wasser, dann lassen Sie die Flüssigkeit durch ein Leinentuch ablaufen.
- Drücken Sie das Tuch gut aus, damit Sie auch genug Flüssigkeit erhalten.
- Fügen Sie nun etwa 10 Zuckerwürfel oder besser noch etwas Honig hinzu.
- Lassen Sie das Ganze einkochen, bis die Masse zu Sirup angedickt ist.

Ob Husten, Heiserkeit oder Fieber, diese Medizin mögen Kinder bestimmt.

Auch bei Überforderung in der Schule hilft eine Apfel-Honig-Kur, den täglichen Streß abzubauen. Geben Sie Ihrem Kind täglich bis zu 4 Löffelchen davon.

Apfel-Zwiebel-Brei

- Schneiden Sie 6 Äpfel klein.
- Kochen Sie die Äpfel mit 2 kleingehackten oder geriebenen Zwiebeln, ein wenig Wasser und 65 g Kandiszucker zu einem Mus.

Hiervon nehmen Sie bei Husten mehrmals täglich einige Löffelchen ein. Auch für Kinder ist dieser Apfel-Zwiebel-Brei gut geeignet.

Wein

- Schälen Sie 2 Äpfel und kochen Sie sie in einem $^1/_2$ l Wein (vorzugsweise Rotwein) auf.
- Geben Sie etwas Zitronenschale und ca. 1 EL Zucker oder Honig hinzu.
- Anschließend passieren Sie das Ganze durch ein Sieb und bewahren den Wein im Kühlschrank auf.

Apfelwein hilft bei Erschöpfung und Verdauungsproblemen.

Dieser Wein ist ein gutes Stärkungsmittel für überbeanspruchte oder erschöpfte Menschen. Er beruhigt die Nerven und wirkt gegen Verstopfungen. Teilen Sie die Menge auf zwei Tage auf und trinken Sie ihn in kleinen Schlucken nach den Hauptmahlzeiten.

Apfeldiät

- 1 Kilogramm (oder mehr) geriebene Äpfel

Am besten nehmen Sie im Abstand von zwei Stunden ca. 200 g **frisch geriebene Äpfel** über den Tag verteilt zu sich. Bei Verdauungsstörungen, Durchfall, aber auch bei schwersten Darmerkrankungen konnten mit Äpfeln schon überraschende Erfolge erzielt werden. Außerdem entlastet diese Kur das Herz und den Stoffwechsel, des weiteren wirkt sie entwässernd.

Die Apfeldiät können Sie auch zur Gewichtsreduktion einsetzen.

Beachten Sie

> **Gekochte Äpfel** haben dagegen eine abführende Wirkung und helfen bei Verstopfungen sehr gut.

Apfel-Reis-Diät

- Mischen Sie 1 kg gekochte Äpfel und 300 g gekochten Reis mit ca. 120 g Zucker.

Dies ist eine natrium- und fettfreie, eiweißarme Diät, die erfolgreich zur Behandlung bei Bluthochdruck eingesetzt wird.

Wichtig

> Die Apfel-Reis-Diät darf nur mit ärztlicher Erlaubnis über längere Zeit durchgeführt werden.

Bei dieser Diät werden Schlacken und Kochsalz aus dem Körper geschwemmt. Die starke Entwässerung kann zu Eisenmangel und Vitamindefiziten führen.

Umschlag

- Ein frisch geriebener Apfel

Der Apfel wird in ein Mulltuch gegeben und bei Blutergüssen oder einem blauen Auge auf die betroffene Stelle aufgelegt.

Halspackung

- Lassen Sie 1 EL Haferflocken in warmem Wasser einige Stunden quellen.
- Vor Gebrauch fügen Sie 1 geriebenen Apfel und 1 TL Mandelöl hinzu.

Tragen Sie den Brei im Halsbereich auf die Haut auf und lassen Sie ihn ca. 30 Minuten einwirken. Sie können das

Ganze mit einem Tuch abdecken. Diese Packung nährt und entschlackt die Haut.

Apfel-Honig-Packung

- Schälen und reiben Sie 1 bis 2 Äpfel.
- Unter den Brei mischen Sie 1 EL Honig.

Diese Packung stärkt und erfrischt die Gesichtshaut und wirkt Entzündungen entgegen. Lassen Sie das Gemisch 20 Minuten wirken, dann waschen Sie es mit lauwarmem Wasser ab.

Gesichtspackung

- Kochen Sie 1 Apfel in etwas Milch zu Brei.
- Zerdrücken Sie noch einmal alles mit einer Gabel.
- Dann tragen Sie die Masse, wie sonst bei Gesichtsmasken auch, lauwarm auf das Gesicht auf.

In der Kosmetik werden heute den Cremes viele Arten von Fruchtsäuren als Vorbeugung gegen Hautalterungen beigesetzt.

Tip

> Sie können auch frisch hergestellten Apfelsaft wie ein Gesichtswasser verwenden. Den Saft sollten Sie aber sofort verbrauchen, da längeres Stehen zur raschen Oxidation führt.

Haarpackung

- Mischen Sie zerlassenes Rindermark und den Saft saurer Äpfel.
- Geben Sie für den Duft noch einige Tropfen ätherisches Öl hinzu.
- Reiben Sie mit dieser Mischung gründlich die Kopfhaut ein.

Dieses alte Rezept pflegt und regeneriert; es ist besonders bei frühzeitig ergrautem oder sprödem, trockenem Haar geeignet.

Apfel-Pflaumen-Marmelade

- Entsteinen Sie die Pflaumen, entkernen Sie die Äpfel und schneiden Sie alles in kleine Stücke.
- Vermengen Sie die Früchte mit dem Gelierzucker, geben Sie die Walnüsse dazu und lassen Sie das Ganze 4 Minuten sprudelnd kochen.
- Anschließend füllen Sie die Marmelade sofort in vorbereitete Gläser ab.

750 g gelbe Pflaumen
250 g säuerliche Äpfel
1 kg Gelierzucker 1:1
5 gehackte grüne Walnüsse

Apfelgelee mit Lindenblüten

- Übergießen Sie die Lindenblüten mit dem Apfelsaft und lassen Sie sie zugedeckt einen Tag stehen.
- Dann wird der Saft durchgesiebt und mit dem Gelierzucker vermischt.
- Das Ganze lassen Sie 4 Minuten kochen, anschließend füllen Sie in Gläser ab.

200 g Lindenblüten
3/4 l Apfelsaft
1 kg Gelierzucker 1:1

Apfelauflauf

Eine Portion hat ca. 665 kcal.

- Bereiten Sie die Äpfel vor, schneiden Sie sie in kleine Schnitze und legen Sie sie schuppenförmig in eine gefettete, flache Auflaufform.
- Anschließend verquirlen Sie die Crème fraîche, die Milch und das Ei und gießen das Ganze über die Äpfel. Darauf streuen Sie die Korinthen.
- Nun mischen Sie die Nüsse und die zerbröckelten Kekse mit Zucker und Zimt und streuen sie ebenfalls über die Äpfel.
- Den Auflauf backen Sie bei 200 °C auf der mittleren Schiene 30 Minuten (etwa so lang, bis die Äpfel die Flüssigkeit aufgesogen haben und schön gebräunt sind).

700 g Äpfel (am besten leicht säuerliche)
1/4 l Milch
200 g Crème fraîche
1 Ei
100 g Korinthen
100 g gehackte Haselnüsse
100 g Vollkornkekse
1 El Zucker
2 TL Zimt

Wenn man selber viele Äpfel aus dem Garten zur Verfügung hat, ist dieses Gericht eine leckere Abwechslung und auch als süßes Hauptgericht völlig ausreichend.

Apfelbeignets

- 100 g Mehl
- 1 EL Butterschmalz
- 1 Prise Salz
- 2 Eier
- 1/8 l Bier oder Mineralwasser
- 4 säuerliche Äpfel
- Kokosfett oder Öl zum Frittieren
- 1 TL Zimt
- Honig

- Das geschmolzene Butterschmalz mischen Sie mit dem Mehl, anschließend rühren Sie die Eier, das Salz und die Flüssigkeit unter.
- Dann schälen Sie die Äpfel und entfernen mit einem Apfelstecher das Kerngehäuse; schließlich schneiden Sie die Äpfel in knapp 1 cm dicke Scheiben.
- Die Apfelscheiben tauchen Sie nun in den Teig und backen sie in dem erhitzten Öl (am besten in einer Fritteuse) etwa 5 Minuten lang goldbraun.
- Die fertigen Beignets lassen Sie auf Küchenpapier abtropfen und halten sie im Backofen warm, bis alle Äpfel fertig gebacken sind.
- Nach Geschmack können Sie die Beignets mit Zimt bestreuen und Honig darauf träufeln.

Apfelpaste

- 1 kg säuerliche Äpfel
- 1/8 l Wasser
- ca. 650 g Zucker
- 1 bis 2 Zitronen
- Hagelzucker

- Die Äpfel schälen, in kleine Stücke schneiden und mit dem Wasser aufsetzen.
- Wenn die Früchte weichgedünstet sind, streichen Sie sie durch ein Sieb und wiegen ab.
- Dann verrühren Sie die Flüssigkeit mit der gleichen Menge Zucker, fügen den Zitronensaft hinzu und kochen alles bei milder Hitze unter ständigem Rühren dick ein.
- Anschließend streichen Sie die Masse 2 Zentimeter dick auf ein geöltes Pergamentpapier.
- Nach ein bis zwei Tagen, wenn die Paste fast trocken ist, schneiden Sie diese in Würfel und wälzen sie in groben Zucker.

Tip

Bevor die Paste in Dosen verpackt wird, sollte sie noch einige Tage nachtrocknen.

Aprikose

Botanik, Geschichte, Kultur

Die Aprikose *(Prunus armeniaca L.)* gehört wie der Apfel zu den Rosengewächsen; sie ist ein etwa 3 bis 6 m hohes Bäumchen und stammt ursprünglich aus Vorder- und Mittelasien.

Die wildwachsenden Früchte weisen allerdings nicht den aromatischen Geschmack kultivierter Aprikosen auf. Die Aprikose ist sehr wärmeliebend und gedeiht daher vorzüglich in klimatisch milden Landstrichen, z.B. am Bodensee. Aber auch an weniger günstigen Standorten hat sie sich akklimatisiert, so daß man sie in manchen Gärten antreffen kann.

Die Blütezeit der Aprikose beginnt bereits im März; sie zählt damit zu den Obstarten, die als erste im Jahr blühen. Die hübschen weißen Blüten erscheinen noch vor den Blättern, die oval geformt, glänzend, gezähnt und am unteren Ende herzförmig sind. Aprikosen sind selbstbefruchtend, so daß man mit einem Bäumchen auskommt.

Tip

Wenn Sie selbst ein Aprikosenbäumchen anpflanzen möchten, achten Sie auf die Veredelungsunterlage:

- Sorten, die auf Aprikosensämlingen veredelt sind, wachsen gut auf leichten Böden.
- Sorten, die auf Prunusarten veredelt sind, gedeihen gut auf schweren Böden und sind widerstandsfähiger gegen Pilzbefall.

Die Aprikose blüht bereits zeitig im März.

Sofern nicht Nachtfröste, kalte Winde oder heftige Regenfälle die weißen Blüten niedergerafft haben, kann man je nach Sorte ab Mitte Juni bis in den August die köstlichen Früchte ernten. Sie sind mit samtigem Flaum überzogen und bilden vom Stiel aus eine tiefe Längsfurche, die sich über die orangegelbe Frucht hinwegzieht. An der Sonnenseite bekommt sie rötliche Bäckchen.

Wirkstoffe und Anwendungen

Inhaltsstoffe	Öl Zitronensäure Apfelsäure Mineralsalze	Vitamin A, B, C Zucker Farbstoff Phosphor
Wirkung	zusammenziehend feuchtigkeitsspendend	lindernd blutreinigend
Anwendung bei	Funktionsstörungen der Haut und der Schleimhäute Menstruationsstörungen Appetitmangel Schwangerschaft	Nachtblindheit Schilddrüsenerkrankungen Infektionen Ohrensausen Blutarmut Leberzellschäden

Die Aprikose ist ein gutes Beispiel dafür, daß das, was gut tut, nicht unbedingt bitter schmecken muß. Ihre vielfältigen Inhaltsstoffe, wie z.B. die Bioflavonoide, sind bis heute noch nicht ausreichend erforscht. Bekannt ist ihr erstaunlich hoher Vitamin-A-Gehalt, der – was für die gesamten Wirkstoffe gilt – im getrockneten Zustand noch erheblich zunimmt.

Inhaltsstoffe	100 g Frucht	
	frisch	getrocknet
Vitamin A	2400 I.E.	6500 I.E.
Vitamin B_2	0,05 mg	0,11 mg
Eisen	0,6 mg	4,5 mg
Kalzium	14 mg	75 mg
Kalium	300 mg	1100 mg
Ballaststoffe	2,1–2,3 g	6,8–7,3 g
Kalorien	53	300

5–6 Aprikosen decken den Tagesbedarf an Vitamin A.

Vitamin A wirkt sich günstig auf das Knochenwachstum aus. Gerade für Kinder, die sich noch im Wachstum befinden, ist die Aprikose deshalb eine leckere und gesunde Nascherei. Schon der Verzehr von 5 bis 6 Aprikosen deckt den gesamten Tagesbedarf an Vitamin A für einen Erwachsenen. Die Vorstufe des Vitamin A (Carotin) schützt den Körper vor freien Radikalen und aktiviert die Zellneubildung. Für die Haut, die Schleimhäute, die Schilddrüse, das Immunsystem und die Leber ist Vitamin A unentbehrlich.

Sofern ein Vitamin-A-Mangel besteht, kann bei Nachtblindheit, in der Schwangerschaft, zur Rekonvaleszenz nach allen schweren Krankheiten sowie bei allen Formen von Blutarmut die Aprikosenfrucht unterstützend einwirken.

Die Aprikose enthält ferner viel Niacin, das bei Erschöpfung die Nerven stärkt, und Folsäure, die zusammen mit Vitamin B_{12} die Blutbildung fördert.

Bei Lebererkrankungen ist es ratsam, die Frucht als Marmelade zu sich zu nehmen; so ist sie leichter verdaulich und obendrein sehr schmackhaft. Die voll ausgereiften Früchte verträgt der Magen am besten.

Vorsicht

Die Aprikosenkerne dürfen nur in geringen Mengen angewendet werden (siehe Rezepte, Seite 24). Sie enthalten Amygdalin, ein blausäurehaltiges Steinobstglykosid, das bei übermäßigem Verzehr der Kerne giftig wirkt.

Rezepte

Absud

- Zerstoßen Sie einige Aprikosenkerne im Mörser.
- Kochen Sie sie in Milch auf, anschließend filtrieren Sie ab.

Der Absud hilft bei Bronchitis und anderen Erkrankungen der Atemwege.

Kernöl

- Zerstoßen Sie einige Aprikosenkerne im Mörser, bis Sie ein wenig Aprikosenöl gewonnen haben.

Das Kernöl wird bei Ohrenschmerzen oder Ohrensausen eingesetzt, indem Sie einige Tropfen in das Ohr träufeln.

Gesichtsmaske

- Zerdrücken Sie eine oder mehrere Aprikosen.

- Geben Sie zum Fruchtfleisch etwas Malventee hinzu, vermischen Sie das Ganze und tragen Sie den Brei auf das Gesicht auf.

Diese Gesichtsmaske ist eine Wohltat für trockene und empfindliche Haut, besonders in der Winterzeit, wo die Haut durch die Heizungsluft oft ausgetrocknet ist, spannt und nach Feuchtigkeit dürstet. Im Sommer erfrischt die Maske angenehm, und wirkt kleinen von der Sonne verursachten Knitterfältchen entgegen.

Tip

Manchmal sind gerade die satt reifen Aprikosen mehlig. Wenn Sie dennoch die wirksamen Substanzen dieser Frucht genießen möchten, bereiten Sie sich und Ihrer Familie doch einige Leckereien zu und nutzen Sie auf diesem Wege die Heilkraft der Aprikosen.

Würzaprikosen

2,5 kg entsteinte Aprikosen
$^1/_2$ l Wasser
$^1/_4$ l Weinessig
400 g Einmachzucker
1 Vanilleschote
1 Likörglas Rum
4 Einmachgläser mit je 1 l Inhalt

- Schichten Sie die Aprikosen in die Einmachgläser.
- Kochen Sie das Wasser zusammen mit dem Weinessig, der Vanilleschote und dem Zucker auf und lassen Sie das Ganze wieder abkühlen.
- Geben Sie in diese Lösung den Rum und gießen Sie alles über die Aprikosen.
- Verschließen Sie die Gläser und sterilisieren Sie sie bei 75 °C etwa 30 Minuten lang.

Aprikosenkompott

Eine Portion hat 147 kcal.

600 g Aprikosen
75 g Zucker

- Die Aprikosen kurz in kochendes Wasser legen, mit kaltem Wasser abschrecken, halbieren und enthäuten.
- Die Steine entfernen, wobei Sie einige aufbrechen und den Kern zu den Früchten geben.
- Streuen Sie den Zucker darüber und lassen Sie das Ganze stehen, bis die Früchte Saft gezogen haben.
- Dann dünsten Sie die Früchte weich und lassen Sie zum Verzehr erkalten.

Aprikosenklöße

- 10 reife Aprikosen
- 500 g Magerquark
- 1/4 abgeriebene Schale einer unbehandelten Zitrone
- 1 Messerspitze Vanille
- 1 Prise Salz
- 150 g Mehl
- 50 g Vollkornsemmelbrösel
- 1 Ei
- 100 g Butter
- 75 g Zucker
- 1 bis 2 TL Zimt

Eine Portion hat 488 kcal und 119 mg Cholesterin.

- Zuerst lassen Sie den Quark in einem Küchensieb abtropfen.
- Verrühren Sie ihn dann mit Mehl, Zitronenschale, Salz, Vanille, Semmelbrösel und dem Ei. Der Teig sollte nicht mehr an den Händen kleben.
- Aprikosen waschen, abtrocknen, fast bis zur Hälfte durchschneiden (Achtung: nicht ganz trennen!) und die Steine entfernen.
- Nun drücken Sie ein wenig Teig auf dem Handballen flach, legen eine Aprikose darauf und umhüllen Sie mit dem Teig. Auf diese Weise formen Sie auch die restlichen Klöße.
- Erhitzen Sie die Butter in einem Bräter, legen Sie die Klöße nebeneinander in die Butter und stellen Sie den geschlossenen Bräter in den kalten Backofen.
- Backen Sie auf mittlerer Schiene bei 180 °C (Umluft: 160 °C; Gas: Stufe 2) 20 Minuten.
- Dann entfernen Sie den Deckel und backen weitere 30 Minuten, bis die Klöße leicht gebräunt sind.
- Bestreuen Sie je nach Vorliebe mit Zucker und Zimt und servieren Sie die Klöße sofort.

Aprikosenpaste

- 200 g getrocknete ungeschwefelte Aprikosen
- 2 cl Aprikosenlikör
- 1/8 l frisch gepreßter Orangensaft
- 1 EL Zitronensaft
- 1 TL Vanille
- 2 bis 3 EL gemahlene Mandeln

- Spülen Sie die Aprikosenhälften heiß ab, tupfen Sie sie trocken und schneiden Sie sie klein.
- Den Likör mischen Sie mit den Säften und weichen die Aprikosen über Nacht darin ein.
- Am nächsten Tag pürieren Sie die Früchte mitsamt dem Saft im Mixer und fügen Vanille und soviel Mandel hinzu, bis eine cremige Masse entsteht.
- Im Kühlschrank ist die Paste bis zu einer Woche haltbar.

Tip

Besonders lecker schmeckt die Aprikosenpaste mit Quark gemischt oder als Aufstrich zu Vollkornbrot.

Aprikosenaufstrich

- Weichen Sie die Aprikosen in dem Orangensaft ca. acht Stunden ein.
- Dann pürieren Sie und fügen je nach Geschmack die geriebenen Nüsse sowie die Zitronenschale und den Ingwer hinzu.

Die Menge reicht etwa für vier Scheiben Brot. Wenn Ihnen dieser gesunde und schnell zubereitete Brotaufstrich schmeckt, können Sie die angegebene Menge beim nächsten Mal auch verdoppeln. Im Kühlschrank bleibt der Aufstrich drei Tage haltbar.

40 g getrocknete Aprikosen
40 ml Orangensaft
2 EL Nüsse
2 Messerspitzen geriebene Zitronenschale
2 Messerspitzen gemahlener Ingwer

Aprikosen-Brotsuppe

Eine Portion hat 652 kcal.

- Weichen Sie die Aprikosen über Nacht in einem Liter Wasser ein und nehmen Sie sie am nächsten Tag mit dem Schaumlöffel heraus.
- Geben Sie nun das zerbröckelte Brot in das Aprikosenwasser und lassen Sie es eine Stunde quellen.
- Streichen Sie die Masse durch ein Sieb und kochen Sie sie mit einer Prise Salz auf
- Anschließend geben Sie die Buttermilch, den Zucker, die Zimtstange, die Zitronenschale, die Aprikosen und Sultaninen dazu und lassen das Ganze 25 Minuten ziehen.
- Entfernen Sie dann die Zimtstange und schmecken Sie die Suppe mit Wein ab.

100 g getrocknete Aprikosen
1 l Wasser
200 g Vollkornbrot
1 Prise Salz
1/2 l Buttermilch
3 EL Zucker
1/4 Zimtstange
40 g Sultaninen
1/2 Glas Weißwein
abgeriebene Schale einer Zitrone

Tip

Diese nahrhafte Suppe schmeckt warm und kalt.

Aprikosenlikör

- Frische Aprikosen waschen, halbieren und entkernen.
- Die Früchte füllen Sie zusammen mit dem Zucker, den halbierten Walnüssen und den Mandeln in eine weithalsige Flasche und gießen dann den Weinbrand darauf.
- Lassen Sie dem Likör sechs Wochen Zeit zum Reifen.

750 g Aprikosen
100 g Zucker
3 Walnüsse
10 süße Mandeln
0,7 l Weinbrand

Aprikosenreis

- 150 g getrocknete Aprikosen
- 50 g Zucker
- 1 l Milch
- abgeriebene Schale einer Zitrone
- 1 Prise Salz
- 20 g Zucker
- 250 g Rundkornreis
- 100 g Mandeln
- etwas Öl zum Einfetten
- 1/4 l Sahne
- 1 Päckchen Vanillezucker

Eine Portion hat ca. 880 kcal.

- Weichen Sie die Aprikosen mit etwas Wasser zwei Stunden ein.
- Fügen Sie den Zucker dazu.
- Lassen Sie die Aprikosen anschließend 30 Minuten kochen und danach abtropfen.
- Geben Sie Reis, Salz und Zucker in die Milch und lassen Sie ca. 15 Minuten kochen. Dann mischen Sie die Mandeln unter den Reis.
- Fetten Sie eine Flammerieform, drücken Sie den Reis in die Form, stürzen Sie das Ganze und richten Sie die Aprikosen darauf an.
- Zum Garnieren nehmen Sie Sahne, die Sie mit dem Vanillezucker steif schlagen.

Aprikosen-Ananas-Konfitüre

- 600 g Aprikosen
- 375 g Ananas
- 1 kg Gelierzucker 1:1
- Saft einer Zitrone

- Schneiden Sie die gewaschenen Aprikosen und die Ananas in kleine Stücke.
- Verrühren Sie die Fruchtmasse mit dem Wasser, dem Zitronensaft und dem Gelierzucker, bringen Sie das Ganze zum Kochen.
- Lassen Sie die Konfitüre 4 Minuten sprudelnd kochen und füllen Sie dann sofort in vorbereitete Gläser ab.

Birke

Botanik, Geschichte, Kultur

Die Birke *(Betula pendula)* kann bis zu 30 Meter hoch werden und ist auf sandigen trockenen Böden ebenso heimisch wie auf feuchten oder mageren. Der weiße Stamm mit schwarzen Streifen wirkt in jeder Umgebung reizvoll und anmutig: in der Heide, im Moor, in lichten feuchten Wäldern, an Straßenrändern oder Flußufern. Nur im Schatten von anderen Bäumen kann sie sich nicht entwickeln, da sie sehr lichthungrig ist.

Ihre zarten Blätter, die an rutenartigen überhängenden Zweigen im Wind flattern, verströmen einen leichten würzigen Duft. Die jungen Blätter sehen noch glänzend aus, hervorgerufen durch das ausgeschiedene weiche Harz, auch Birkenbalsam genannt. Sie sind wechselständig angeordnet, haben eine rhombisch dreieckige Form und sind am Rand fein gezähnt.

Wenn die Blätter älter geworden sind, verliert sich der Glanz ebenso wie das Harz. Ab diesem Zeitraum verdunstet der Baum wesentlich mehr Wasser, das er mit seinem langen und weit verzweigten Wurzelnetz in der Erde sucht. An heißen Sommertagen kann die Birke um die siebzig Liter aufnehmen.

Die Birke ist ein einhäusiges Gewächs, das heißt, es sitzen männliche und weibliche Blüten an demselben Baum. Die weiblichen grünlich-gelben Kätzchen zeigen wie kleine walzenförmige Zäpfchen nach oben und überlassen ihre geflügelten Samen dem Wind. Die männlichen Kätzchen werden im Vorjahr gebildet; man kann sie daran erkennen, daß sie meist paarweise an den Zweigen herunterhängen und schon zeitig im Frühjahr stäuben.

Tip

Von März bis April kann man die Kätzchen oder Knospen, zwischen Mai und Juni die zarten jungen Birkenblätter sammeln.

Unsere heimische Birke stand schon bei den slawischen und germanischen Völkern in hohem Ansehen. Bei den Kelten war bereits 1000 Jahre v. Chr. der 1. Mai ein Feiertag und religiöses Fest, das Beltaine-Fest. An diesem Tag wurde der Sommeranfang eingeleitet, und die Druiden (Priester) erflehten von den Göttern gute Ernten und reichen Tiersegen.

Auch heute kennen und feiern wir in vielen Dorfgemeinschaften diesen Tag nach altem Brauch und stellen in Dorfesmitte einen mit bunten Bändern geschmückten Maibaum auf – eine Birke.

Am Fronleichnamsfest werden nach kirchlicher Tradition die Prozessionswege mit Birkenzweigen geschmückt, die man in früheren Zeiten nach der Weihe als Gewitterschutz mit nach Hause nahm. Die Zweige des Maien galten symbolisch als Lebensrute, deren Schlag Menschen und Tieren Fruchtbarkeit verleihen und vor geheimnisvollen Zauberkräften, vor Hexerei und sogar vor Flöhen schützen sollte.

Wirkstoffe und Anwendungen

Inhaltsstoffe

- Saponin
- Hyperosid
- Quercitin
- Myricetingalactosid
- Betulabin
- Mineralien
- Ascorbinsäure
- Dikarbonsäure
- Gerbstoffe
- ätherisches Öl

Wirkung

- vernarbungsfördernd
- blutreinigend
- harntreibend
- desinfizierend
- stoffwechselanregend
- entgiftend
- stärkt die Kopfhaut

Anwendung bei

- Nierenentzündung
- Blasenkatarrh
- Nieren- und Blasensteinen
- Arthritis
- Gicht
- Rheuma
- Hautreizung
- Herzbeschwerden
- Harnsäure- und Eiweißüberschuß
- Haarausfall

Die Blätter der Birke sind reich an Bitterstoffen, Gerbstoffen und Mineralien wie Kalium und Kalzium. Diese aktivieren und reinigen die Nieren und helfen, herz- oder nierenbedingte Wasseransammlungen aufzulösen. In klinischen Versuchen wurde nachgewiesen, daß die ausgeschiedene Harnmenge auf das Sechsfache ansteigen kann. Dadurch wird nicht nur vermehrt Wasser ausgeschieden, sondern auch harnpflichtige Stoffwechselprodukte und Stoffwechselschlacken, was bei allen Erkrankungen von Nutzen ist.

Aus diesem Grunde ist **Birkentee** so vielfältig einsetzbar:

- zur Frühjahrskur
- zur allgemeinen Entschlackung
- bei erhöhter Harnsäurekonzentration
- bei Gelenkschwellungen
- bei Hautunreinheiten und Ekzemen
- zur Stärkung bei jeglichem Unwohlsein

Birkenblätter besitzen in frischem Zustand eine größere Heilwirkung als in getrocknetem. Um die Wirksamkeit bei der Teezubereitung aus getrockneten Blättern zu steigern und um die Bestandteile der sauren Saponine besser zu lösen, wird in manchen heilkundlichen Literaturen empfohlen, doppeltkohlensaures Natron zuzufügen.

Birkenrinde hilft bei verschiedenen Hauterkrankungen.

Äußerlich trägt die Abkochung von **Birkenrinde** aufgrund ihrer kampferähnlichen, säurehaltigen und gerbstoffreichen Substanzen zur Behandlung von chronischen Hauterkrankungen, Hautpilz oder schlecht heilenden Wunden bei. Man fügt die abgekochte Rinde dem Badewasser zu oder benützt sie für Umschläge.

Einen hohen Gehalt an Mineralsalzen, viel Vitamin C und organische Säuren enthält der **Birkensaft,** dem unsere Vorfahren ganz besonderes viel Heilkraft zusprachen. Von seinen Wirkstoffen her ist er ein wunderbares Mittel, um den gesamten Organismus zu beleben und zu stärken. Er hilft bei allen Mangelkrankheiten, bei Rheuma, Gicht, Arthritis, Hautunreinheiten, Gelbsucht oder Harnwegserkrankungen und dient zur Blutreinigung.

Weiterhin fördert er die Vernarbung von Wunden, oder man nimmt ihn zum Gurgeln bei Mundfäule oder Entzündungen des Zahnfleisches.

Der Birkensaft ist ebenfalls ein Bestandteil vieler im Handel erhältlichen Haarwässer gegen Schuppenbildung und Haarausfall.

Birkenknospen, die vorzugsweise im zeitigen Frühjahr (etwa März/April) in noch klebrigem Zustand gesammelt werden, fördern als Tee verabreicht den Gallefluß; außerdem sind sie wirksam gegen Husten. Des weiteren kann eine Abkochung aus jungen Knospen ein wirksames Mittel bei Hautleiden, insbesondere bei Milchschorf oder Krätzmilbe, sein.

Birkenrindenöl oder **Birkenknospenöl** wird zur begleitenden Behandlung bei Psoriasis und zur Einreibung bei Gelenk- oder Muskelschmerzen verwendet.

Birkenteer wird aus Birkenholz, Rinde und den Wurzeln gewonnen. Es handelt sich dabei um eine dickflüssige schwarzbraune Flüssigkeit, die vor allem gärungs- und fäulniswidrig auf Darmerkrankungen oder desinfizierend bei Entzündungen von Haut und Schleimhäuten wirkt.

Vorsicht

Birkenteer darf nie unverdünnt verwendet werden.

Volksmedizinische Weisheiten

- Bei Rachitis soll man täglich eine Portion gekochte Gerstengrütze essen und dazu eine Tasse Birkenblättertee trinken.
- Bei Nieren- oder Gallensteinen trinkt man morgens einen Eßlöffel frischen Birkensaft. Früher sollte der frische Saft wie Most gären. Für den Gärungsprozeß stellte man ihn in die Sonne, dadurch sollte er ein Jahr haltbar sein.
- Die ersten jungen Birkenblättchen wurden feingeschnitten und gemischten Salaten zugefügt. Außerdem war es üblich, sie mit Kräuterquark zu mischen.

Aromatherapie

Ebenso wie die getrockneten oder frischen Zubereitungen der Birke kann auch das ätherische Birkenöl seine wohltuenden, heilenden Eigenschaften bei den gleichen Beschwerden entfalten.

Als Massageöl geben Sie auf 50 ml Basisöl etwa 15 Tropfen Birkenöl. Je nach Beschwerdebild empfiehlt es sich, zu dem Birkenöl noch ein oder zwei andere ätherische Öle zuzufügen: bei rheumatischen Erkrankungen z.B. Wiesenkönigin, Wacholder und Rosmarin.

Bei Blasenentzündungen machen Sie ein Sitzbad, in das Sie Salbei oder Christrose und das in Honig gelöste Birkenöl geben. Rechnen Sie auf drei Eßlöffel Honig ca. 10 Tropfen ätherisches Öl.

Umschläge können Sie aus mit Wasser angerührter Heilerde und 15 Tropfen Birkenöl herstellen. Geben Sie den angerührten Brei am besten auf ein Mulltuch, das Sie auf den betroffenen Hautstellen fixieren. Erneuern Sie die Auflage nach Möglichkeit 2- bis 3mal am Tag.

Als Gesichtspackung, z.B. bei Ödemen oder Akne, nehmen Sie etwas weniger ätherisches Öl; hier genügen 3 bis 5 Tropfen.

Für gesünderen kräftigeren Haarwuchs geben Sie einige Tropfen des ätherischen Öls in Ihr Shampoo.

Rezepte

Birkenblättertee

- Übergießen Sie 1 bis 2 TL Birkenblätter (evtl. mit Knospen) mit $^1/_4$ l kochendem Wasser.
- Lassen Sie den Tee 10 Minuten ziehen und seihen Sie dann ab.

Tip

Fügen Sie den Birkenblättern bei Harnwegsinfektionen Bärentraube hinzu. Bei Rheuma hilft eine Mischung mit Weide.

Diesen harntreibenden Tee trinken Sie dreimal täglich zwischen den Mahlzeiten mehrere Wochen lang. Er hilft bei Blasen- und Nierenleiden, Rheuma, Gicht und dient zur Blutreinigung.

Birkenblättertee/Variante

- Mischen Sie Birkenblätter, Brennessel und Faulbaumrinde zu gleichen Teilen.
- Nehmen Sie jeweils einen Teelöffel von der Mischung auf eine Tasse Wasser.
- Trinken Sie diesen Tee zweimal täglich zur Frühjahrskur, aber auch bei rheumatischen Erkrankungen.

1 Teil Birkenblätter
1 Teil Brennessel
1 Teil Faulbaumrinde

Birkenblättertee/Variante

- Mischen Sie Birkenblätter, Johannisbeerblätter, Erdbeerblätter und Himbeerblätter zu gleichen Teilen.
- Nehmen Sie 2 TL von der Mischung und übergießen Sie sie mit 1 Tasse kochendem Wasser.

Dieser Tee ist hervorragend geeignet als blutreinigende, stärkende Frühjahrskur. Trinken Sie ihn am besten schon vor dem Frühstück.

1 Teil Birkenblätter
1 Teil schwarze Johannisbeerblätter
1 Teil Erdbeerblätter
1 Teil Himbeerblätter

Birkensaft

- Im Frühjahr wird der Stamm einer Birke in 30 cm Höhe, vom Erdboden aus gemessen, ca. 3 cm tief angebohrt. Der Baum sollte nicht zu jung sein, das heißt, er muß mindestens einen Umfang von 20 cm haben.
- Stecken Sie möglichst rasch ein Glasröhrchen in das Bohrloch, um den nun austretenden Saft aufzufangen. Am Tag fließen bis zu vier Liter Saft aus.
- Damit der Gärungsprozeß verzögert wird, fügen Sie dem Saft sechs Gewürznelken und ein klein wenig Zimt hinzu.
- Vergessen Sie bitte nicht, nach der Gewinnung des Saftes das Loch mit Baumwachs zu verschließen.

Der hohe Vitamin- und Saponinengehalt macht diesen Saft so wertvoll, vor allem für ältere und von Krankheit geschwächte Menschen. Verwenden Sie ihn zur Belebung nach den langen Wintermonaten, als allgemeines Stärkungs- oder Entschlackungsmittel sowie bei Gelbsucht, Nieren-Blasen-Leiden oder Gicht. Äußerlich angewendet, fördert er die Vernarbung von Wunden. Sie können ihn auch zum Gurgeln nehmen.

Tip

Damit dem Baum keinen Schaden zugefügt wird, sollten Sie sich den Saft besser in der Apotheke oder im Reformhaus besorgen. Der Saft reizt zwar die Nieren nicht, sollte aber trotzdem nie unverdünnt verwendet werden.

Birkenöl

Das Öl wird aus der Rinde gewonnen.

- Füllen Sie etwas kleingeschnittene, getrocknete Rinde in ein gut verschließbares Glas und setzen Sie sie mit Olivenöl an.
- Lassen Sie das Glas 14 Tage lang in Heizungsnähe oder noch besser in der Sonne stehen.
- Anschließend filtern Sie es gut durch.

Man verwendet das Birkenöl zur äußerlichen Einreibung bei Gicht, Muskelschmerzen und rheumatischen Erkrankungen. Natürlich können Sie das Birkenöl auch in jeder Apotheke erhalten.

Birkenknospentee

- Geben Sie 1 EL Birkenknospen auf 2 Tassen Wasser.
- Lassen Sie das Ganze 10 Minuten ziehen.
- Süßen Sie den Tee ein wenig mit Honig oder braunem Zucker.

Dieser wunderbare Trank hilft bei Husten. Um den Gallefluß zu fördern, trinken Sie davon mittags und abends je ein Tässchen.

Absud

- Geben Sie 1 TL Birkensaft in ein Glas warmen, mit etwas Honig versehenen Wein und vermischen Sie das Ganze.

Bei Magen-Darm-Leiden oder Nierenkoliken sollten Sie über den Tag verteilt immer wieder ein kleines Schlückchen davon trinken.

Haaröl

- Erwärmen Sie das Olivenöl und lassen Sie die Kräuter darin 30 Minuten ziehen.
- Dann fügen Sie das Eigelb, den Honig und den Zitronensaft hinzu.
- Lassen Sie die Kräuterpackung eine Stunde auf Ihr Haar einwirken.

1/2 Tasse Olivenöl
1 Tasse Kamillenblüten
1 Tasse getrocknete Brennessel
1 Tasse Birkenblätter
1 Eigelb Zitronensaft und Honig

Tip

Das Haaröl hilft besonders bei trockenem, strapaziertem Haar.

Birkenrindebad

- Geben Sie etwa 1 kg Birkenrinde in 5 Liter Wasser und lassen Sie das Ganze 30 Minuten kochen.
- Anschließend seihen Sie ab.

Die Abkochung fügen Sie bei Hautpilz, Ekzemen oder Rheuma dem Badewasser bei. Sie können sie ebenso für schweißregulierende Fußbäder und Waschungen verwenden. Für ein Sitzbad nehmen Sie die halbe Menge.

Eiche

Botanik, Geschichte, Kultur

Es werden etwa 400 Eichenarten beschrieben, davon sind die meisten in Nordamerika verbreitet. Die Eiche kann eine Höhe von 50 Metern erreichen und 700 Jahre (Wintereiche) bis 1200 Jahre (Sommereiche) alt werden. Die Korkeiche *(Quercus suber)* wächst überwiegend in Spanien, Marokko und Portugal. Sie ist immergrün und wird für Korkernten angebaut.

Für Heilzwecke kommen aber in erster Linie zwei Arten in Betracht, die in unseren Breiten heimisch sind: die Sommer- oder Stieleiche *(Quercus robur)* und die Winter- oder Traubeneiche *(Quercus petraea)*.

Für Heilzwecke kommen vor allem Stiel- und Traubeneiche in Frage.

Die Wintereiche unterscheidet sich von der Sommereiche dadurch, daß ihr Stamm bis zum Gipfel hindurchläuft und sich nicht schon in geringer Höhe über dem Boden in mehrere dicke Äste aufteilt. Ferner haben ihre Blätter längere Stiele und sind gleichmäßig über den Zweigen verteilt. Die Eicheln und ihre Blüten hängen an ganz kurzen Stielen.

Bei der Sommereiche befinden sich die Blätter, die unregelmäßig eingebuchtet sind, an kurzen Stielen büschelartig an den Triebenden. Ein besonders auffälliges Merkmal sind die Eicheln, die bei der Sommereiche stets 16 bis 20 Längsstreifen besitzen.

Die Eiche ist eine Lichtholzart wie die Birke. Obschon sie wesentlich kräftiger ist, braucht sie nicht soviel Wasser. Ihre üppige Krone läßt noch Licht und Sonnenstrahlen durchdringen, so daß sich unter ihr Strauchwerk und andere Pflanzen ansiedeln können.

Die Eiche genoß bei unseren germanischen Vorfahren hohes kultisches Ansehen und war Donar, dem Gott des Donners (norddeutsch Thor) geweiht. Auch in anderen Kulturen galt die Eiche als geheiligter Baum, zum Beispiel in Griechenland, wo sie dem höchsten Gott Zeus zugesprochen war. Der Kranz mit Eichenlaub galt als eines seiner Attribute. Bei den Römern wurde sie der Gottheit Jupiter, dem Herrn des Himmels und des Rechts, zugesprochen.

In vielen Kulturen galt die Eiche als geheiligter Baum.

Wo die Überlieferungen in neue Religionen eingegangen sind, hat die Eiche als Baumheiligtum auch heute noch ihre Bedeutung, wie die der Muttergottes geweihten Wallfahrtseichen bezeugen. Mancherorts wurde zu dem Kirchenfest Mariä Himmelfahrt, dem Tag des Kreuzbaumsetzens, ein Eichenstamm von zwei Ochsen zum Dorfplatz gezogen. Schon vor dem Einzug wurde er mit Röcken geschmückt, und als krönender Abschluß wurde dem Stamm noch ein Hahn aufgesetzt. Jeder, der sich seines Segens sicher sein wollte, erkletterte den Stamm und trieb sein Vieh im Kreis um den Stamm herum.

Am Johannistag, dem Tag des Sonnwendfeuers am 24. Juni, gab es für die Mädchen des Dorfes folgenden

Brauch: Um zu erfahren, ob sie bald heiraten würden, warfen sie Eichenlaubkränze in die Bäume. Blieb einer im Astwerk hängen, war die Hochzeit gewiß.

Wirkstoffe und Anwendungen

Inhaltsstoffe

- Gerbstoffe
- Gallussäure
- Zucker
- Pektin
- Eichengerbsäure
- Stärke

Wirkung

- entzündungshemmend
- blutstillend
- leicht stopfend
- giftstoffbindend

Anwendung bei

- Magen-Darm-Entzündungen
- Darmbluten
- Mastdarmfisteln
- Hämorrhoiden
- Geschwüren
- Hauterkrankungen
- Fußschweiß
- Leberschwellung
- Nierenleiden

Zu den heilkräftigen Pflanzenteilen zählt die **Rinde**. Sie wird ebenso wie die Eicheln im Herbst gesammelt, während man die frische Rinde von jungen Zweigen am besten im Frühjahr, kurz vor und während der Blütezeit, erntet.

Eichenrinde kann sowohl innerlich als auch äußerlich angewendet werden. Ihre Heilwirkung beruht hauptsächlich auf dem hohen Anteil an Gerbstoffen. Diese haben die Eigenschaft, Eiweißstoffe der Haut und der Schleimhäute zu verbinden und zu verdichten. Man spricht dann von einer adstringierenden, d.h. gleichermaßen zusammenziehenden Wirkung auf Gefäße und Gewebe. Die Folge ist, daß Entzündungen rascher abklingen und auch Blutungen gestoppt werden.

Aus diesem Grunde kommt der Teeaufguß auch bei inneren Blutungen oder starken Regelblutungen in Frage. Bewährt hat sich der Tee auch bei entzündlichen Magen-

Darm-Erkrankungen und Durchfällen. Besondere Bedeutung kommt dem Eichenrindentee bei Vergiftungen mit Schwermetallsalzen, Nikotin, Giftpflanzen, verdorbenen Lebensmitteln oder Pilzen zu, solange sie noch im Magen erreichbar sind.

Äußerlich findet die Abkochung der sogenannten **Spiegelrinde** Verwendung. Von jungen, daumendicken oder ein wenig stärkeren Ästen wird die Rinde abgeschabt und getrocknet. Sie wird für Umschläge, Bäder, Spülungen oder als Mund- und Gurgelwasser zubereitet.

Zur Behandlung von eiternden, schlecht heilenden Wunden, bei nässenden Ekzemen, Brandwunden oder Hämorrhoiden haben sich ihre schmerz- und blutstillenden Eigenschaften ebenfalls bewährt.

Volksmedizinische Weisheiten

- In Wein und etwas Essig gekochte Eichelnüßlein wurden zum Gurgeln bei Parodontose verwendet.
- Gegen Sodbrennen legte man ein Eichenblatt auf die Zunge und schluckte den sich bildenden Speichel hinunter.
- Gegen Bettnässen soll man jeden Abend vor dem Schlafengehen eine Tasse Eichenrindenabsud trinken.
- Bei Koliken soll Eichenlaub hilfreich sein, das mit Bier übergossen und für etwa 5 Stunden angesetzt wird; man nimmt es schluckweise zu sich.

Galläpfel

Wenn eine Gallwespe ihre Eier in die Blätter oder Knospen einer Eiche ablegt, dann werden diese vom Baum mit neuem Gewebe ummantelt, und es entsteht eine kleine, etwa 1 bis 2,5 cm dicke Kugel – ein Gallapfel.

Galläpfel wurden bereits in frühester Zeit als Heilmittel bei Typhuskranken verwendet. Später benutzte man das zu Pulver zerstoße Galläpfelchen, um damit Blutungen zu stillen oder Wunden zu heilen. Auch bei Schwermetallvergiftungen fand es seine Verwendung.

Heute kennt man die Inhaltsstoffe und weiß, daß bis zu 70 Prozent Tannin, Gallsäure, Zucker und etwas ätherisches Öl in den Galläpfeln enthalten sind.

Tip

In der Apotheke bekommen Sie Galläpfel auch in Salbenform oder als Tinktur. Die Salbe wird gegen Hämorrhoiden angewendet, die Tinktur bei Zahnfleischbluten oder Frostbeulen.

Bachblüten

»Oak« hilft Menschen, die sich häufig selbst übernehmen.

»Oak«, die Stieleiche, unterstützt den Menschen, seine eigenen Grenzen zu akzeptieren, auch mal etwas Arbeit liegen zu lassen und sich mehr Schonung zu gönnen. Die meist körperlich robusten, baumstark wirkenden Menschen, für die diese Essenz geeignet ist, neigen dazu, sich selbst immer wieder bis zur Erschöpfung zu überfordern. Sie finden kein Ende ihrer Belastbarkeitsgrenze und übernehmen sich häufig. Krankheit ist für sie eine persönliche Niederlage, wogegen man ankämpfen muß. Übersteigertes Pflichtgefühl und übermäßige Verantwortlichkeit zehren oft an ihrer Substanz.

Rezepte

Eichenrindentee

- Kochen Sie 1 TL sehr kleingeschnittene Eichenrinde mit 1 Tasse Wasser kurz auf.
- Sieben Sie den Tee sorgfältig durch.

- Trinken Sie von dieser Abkochung zwei Tassen pro Tag in kleinen Schlückchen.

Es ist ein wirksamer Tee bei chronischen Entzündungen der Nieren und der Magen- und Darmschleimhäute, bei Magenbluten, Bluthusten wie auch bei Gelbsucht oder anderen Lebererkrankungen.

Abkochung

1 kg Eichenrinde
2 bis 3 l Wasser

- Erhitzen Sie die Rinde im Wasser.
- Anschließend lassen Sie alles etwa zwei Stunden leicht vor sich hinkochen und gießen dann ab.
- Diesen Absud geben Sie ihrem Badewasser bei.

Mit diesem Absud können Sie ein Ganzkörper-, Teil- oder Fußbad machen, Sie können ihn auch für Umschläge verwenden. Machen Sie Sitzbäder, wenn Sie an Mastdarmfisteln oder Hämorrhoiden leiden. Ein Vollbad, welches immer unterhalb des Herzens enden sollte, ist bei Geschwüren, Ekzemen und überhaupt bei allen schwer heilenden Wunden empfehlenswert.

Tip

Bei einem Vollbad sollten Sie 20 Minuten nicht überschreiten; für ein Fußbad genügen 15 Minuten.

Gurgellösung

2 EL Eichenrinde
1/2 l Wasser

- Kochen Sie die Rinde 20 Minuten.
- Anschließend lassen Sie alles etwa zwei Stunden leicht vor sich hinkochen.
- Danach gießen Sie ab.

Bei Entzündungen des Mundbereiches, bei Zahnfleischbluten oder bei Rachenkatarrh gurgeln Sie mehrmals täglich mit diesem Absud.

Eichelkaffee

- Übergießen Sie 1 El zerkleinerte Eicheln mit 1 Tasse Wasser.

- Lassen Sie das Ganze eine halbe Stunde ziehen, danach seihen Sie ab.

Als Kaffee-Ersatz bei Blutarmut, bei Knochenbrüchigkeit oder bei Bettnässen werden 1 bis 2 Tassen pro Tag empfohlen.

Eichelkaffee/Variante

1 TL Eichelpulver
1 Tasse Wasser

- Befreien Sie die Eicheln von der Schale und zerkleinern Sie sie.
- Bräunen Sie sie vorsichtig in einer Pfanne.
- Anschließend zerstoßen Sie sie im Mörser zu Pulver, das Sie in gut schließenden Gefäßen aufbewahren.
- Für den Kaffee überbrühen Sie 1 TL Eichelpulver mit 1 Tasse Wasser.
- Sie verstärken die Wirkung, indem Sie das Eichelpulver 10 Minuten in Wasser kochen.

Der Eichelkaffee lindert Lymphdrüsenschwellungen oder Blasenleiden, ist aber auch zur allgemeinen Kräftigung geeignet.

Tip

> Kindern schmeckt der Eichelkaffee noch besser, wenn Sie zur Hälfte heiße Milch oder Kakao zufügen und nach Geschmack mit Kardamom oder Zimt würzen.

Eichenblätterwein

20 g Eichenblätter
10 g medizinische Salzsäure (Apotheke)
1 l trockener Weißwein

- Vermengen Sie die Zutaten und lassen Sie die Mischung eine Woche ruhen.

Nehmen Sie jeweils einen Eßlöffel des Weins in den Mund zum Gurgeln, oder bei Zahnfleischentzündungen zum Spülen.

Eichenrindenabsud gegen Warzen

1 EL Eichenrinde
1 Tasse Wasser

- Kochen Sie die Eichenrinde etwa 10 Minuten.
- Danach tränken Sie ein Leinenläppchen mit dem Sud, legen es auf die Warze und binden es ein.

Die Behandlung sollte mehrere Wochen angewendet werden.

Eichenrindenöl gegen Cellulite

- Bringen Sie das Olivenöl zum Kochen.
- Geben Sie die Eichenrinde und die Hamamelisblätter dazu.
- Nachdem das Öl erkaltet ist, massiere Sie damit die betroffenen Körperstellen.
- Anschließend waschen Sie sie erst heiß, dann kalt ab.

20 g pulverisierte Eichenrinde
20 g Hamamelisblätter
200 ml Olivenöl

Gesichtswasser

- Kochen Sie die Eichenrinde etwa 10 Minuten und lassen Sie sie etwas ziehen.

Verwenden Sie dieses Gesichtswasser hauptsächlich bei fettiger, unreiner Haut, denn es wirkt adstringierend und antiseptisch. Auch nach der Rasur ist es zu empfehlen.

10 g Eichenrinde
$^1/_4$ l Wasser

Umschläge

- Kochen Sie die Eichenrinde etwa 10 Minuten und filtern Sie dann ab.
- Tränken Sie ein Leinentuch mit dem Absud und decken Sie damit offene Wunden ab. Darüber können Sie noch ein trockenes Tuch wickeln.

2 EL Eichenrinde
$^1/_4$ l Wasser

Esche

Botanik, Geschichte, Kultur

Die hochwüchsige Esche *(Fraxinus excelsior L.)* zählt zur Familie der Ölbaumgewächse; sie kann bis zu 40 Meter hoch werden. Die Esche wächst bis zu ihrem 40. Lebensjahr sehr rasch; dann beginnt sie, ihr Längenwachstum zu reduzieren und hört mit ungefähr 100 Jahren und einer bis dahin erreichten Größe von 35 bis 40 Metern auf. Im Laufe ihres langen Lebens, das mit 250 Jahren verzeichnet wird, nimmt ihr Stammumfang jedoch weiterhin zu und kann einen Durchmesser von 1,70 Meter erreichen.

Die Krone ist bei einem jungen Baum recht licht, erst im Alter gestaltet sie sich zu einem prächtigen kugelig- bis eiförmig-geformten Blätterdach. Ihre Äste weisen aufrecht empor. Am gewaltigsten breitet sich jedoch ihr Wurzelwerk aus. Bis zu 100 Meter im Umkreis sucht die Esche damit nach Nährstoffen und verfestigt so den Boden. Die Esche benötigt viel Licht sowie tiefgründige, nährstoffreiche, feuchte Böden. Sie siedelt sich gerne an Flußufern, in Auen oder in lichten Laubmischwäldern an. Sie ist empfindlich gegen Spätfröste, mag es weder zu warm, zu feucht, zu trocken noch zu schattig.

In der Jugend ist die Rinde grünlich-grau und hell, später sieht sie zerklüftet aus und ist längsgefeldert und gefurcht, von grauer bis braun-schwarzer Farbe. Das Holz der Esche gilt als sehr hart und ist trotzdem äußerst elastisch und biegsam.

Ab dem 30. Baumjahr beginnt sie erstmals zu blühen. Im April, noch bevor die Blätter erscheinen, entwickeln sich aus auffällig samtig braunen Knospen die kelch– und kronblätterfreien Blüten. Sie können eingeschlechtlich, zweigeschlechtlich oder auch zwittrig sein. Die weiblichen Blüten sind mit einem Fruchtknoten versehen, einer zweilappigen Narbe und zwei unfruchtbaren Staubblättern. Die männlichen Blüten haben anfangs einen dunkelpurpurroten Staubbeutel und zwei oder drei Staubblätter.

Im April erscheinen die ersten Blüten.

Die Esche entwickelt alle zwei bis drei Jahre zungenförmig aussehende Samenflügel, die sich von ihrer anfangs grünlichen Färbung im Laufe des Herbstes zu einem dunkelbraunen plattenförmigen Flugorgan gestalten. Darin befindet sich ein meist einsamiges kleines Nüßchen, welches mit seinen Flügeln vom Wind davongetragen wird.

Die unpaarig gefiederten, lang gestielten Blätter der Esche entwickeln sich erst nach den Blüten. Die einzelnen Fiederblättchen sind etwa 4 bis 10 cm lang, eiförmig, zugespitzt und am Rand ungleich gesägt. Die Blattoberseite ist von dunkelgrüner, die Blattunterseite von hellerer Färbung. An der Blattader entlang zieht sich eine wollige Behaarung.

In der germanischen Mythologie wird der Esche ganz besondere Verehrung zuteil. Die Heldenlieder und Göttersagen der Edda erzählen, daß der Weltenbaum Yggdrasil einst die Aufgabe hatte, mit seiner prächtigen Krone das Himmelsgewölbe zu tragen. Der prächtige Weltenbaum ist Wohnstätte vieler mystischer Tiere. Sie verkörpern die Seelen Verstorbener und des ungeborenen Lebens. Darunter befinden sich zum Beispiel vier Hirsche und die Ziege Haidrun, die an den Blättern der Esche weiden. Über die Brücke eines schillernden Regenbogens kommen die Götter, die sich dort täglich versammeln, um im Schatten des Weltenbaumes Gericht über die Menschheit zu halten.

In der germanischen Mythologie ist der Weltenbaum Yggdrasil eine Esche.

Wirkstoffe und Anwendungen

Inhaltsstoffe	Flavonoide Quercitrin Mannit ätherisches Öl Rutin	Cumarine Harz Bitterstoffe Gerbstoffe
Wirkung	harntreibend abführend fiebersenkend steinlösend	wurmtreibend blutreinigend stärkend
Anwendung bei	Rheumaleiden Gicht Gelenkschmerzen Nierenstörungen	Wasserstauungen Fieber Wurmerkrankungen Abwehrschwäche

Die Heilkraft der Esche ist schon seit Jahrhunderten bekannt; sie lieferte ein bemerkenswertes Heilmittel gegen Schlangengifte und Tollwut. Dem Volksglauben nach flüchteten sich Schlangen bei Gefahr eher ins Feuer, als in Eschenlaub zu fliehen. In Wein verabreichter Eschensaft und zerdrückte Blätter, die auf die Bißwunde gelegt wurden, vermochten das Schlimmste zu verhindern.

Anfangs mag das wohl die markanteste Heilwirkung gewesen sein, doch schon Hippokrates empfahl, die Eschenzubereitungen als mildes Abführmittel oder als eröffnendes harntreibendes Mittel bei Nierenerkrankungen, rheumatischen Beschwerden oder Gicht.

Im Laufe der Zeit fand man heraus, daß die **Eschenrinde** in ihrer Wirksamkeit die Chinarinde zu ersetzen vermag. Sie wird als wurmtreibendes, fiebersenkendes und die Abwehrkräfte stärkendes Mittel eingesetzt. Die Rinde wird äußerlich für Umschläge oder Bäder verabreicht. Wendet man sie innerlich an, so ist auf eine sparsame Dosierung zu achten

Bei Verstopfungen wird auch heute noch der mild abführende **Tee** aus den Eschenblättern empfohlen. Bei rheumatischen Erkrankungen lindern die kurmäßig angewandten blutreinigenden Blätterzubereitungen die Beschwerden. Der Gerbstoff- und der Rutingehalt der Eschenrinde hat sich auch bei offenen Beinen oder Geschwüren bewährt, da Rutin gefäßabdichtend wirkt.

Wenn der Körper durch Krankheit geschwächt ist oder sich bereits grippale Infekte, Erkältungen oder eine allgemeine Abwehrschwäche bemerkbar machten, griffen unsere Vorfahren zu **Eschenrindenwein.** Der Wein stärkt den Körper, gibt ihm neue Lebenskraft und wirkt depressiven Stimmungen entgegen.

Die Blätter werden von Mai bis Juli gepflückt, von den Stielen abgestreift und im Schatten getrocknet. Die Rinde wird im Frühjahr abgeschält. Die Samen sind nach dem Abblühen weniger bitter. Man pflückt sie vor oder nach der Zeit, je nachdem, wofür sie Verwendung finden sollen.

Volksmedizinische Weisheiten

- Wenn die Samenhülsen der Eschen anfingen gelb zu werden, wurden sie gesammelt und zerstoßen in Wein aufgekocht. Dieser Trunk galt als herzstärkendes und harntreibendes Mittel.

- Die Eschenrinde wurde in Essigwasser gekocht, um sie für Umschläge bei Erbrechen zu verwenden. Hierzu tränkte man ein Tuch in die Essigabkochung und legte es lauwarm auf den Bauch.

Rezepte

Eschenblättertee

- Setzen Sie 1 EL Eschenblätter mit 1/4 l kaltem Wasser an.
- Lassen Sie einmal kurz aufkochen und 3 bis 5 Minuten ziehen.

Bei Stuhlträgheit, rheumatischen Erkrankungen oder Gicht trinken Sie über einen Zeitraum von zwei bis drei Wochen täglich bis zu 3 Tassen. Sie können Eschenblätter auch anderen blutreinigenden Tees zufügen.

Samentee

- Setzen Sie 2 TL zerkleinerte Flügelsamen mit 1/4 l kaltem Wasser an.
- Lassen Sie einmal kurz aufkochen und 3 Minuten ziehen.

Der Tee hat eine kräftigende, leicht harnteibende und blutreinigende Wirkung.

Eschenrindenwein

- Kochen Sie 2 EL trockene, zerkleinerte Rinde mit 1 l Weißwein kurz auf.
- Lassen Sie das Ganze abkühlen und sieben Sie gut durch.

Von diesem Medizinalwein trinkt man vor dem Essen ein knappes Likörgläschen. Er stärkt die Abwehrkräfte, senkt Fieber, reguliert die Milztätigkeit und wirkt depressiven Stimmungen entgegen.

Eschenrindentee

- Lassen Sie 1 TL Rinde einige Stunden in 1 Tasse kaltem Wasser ziehen.
- Anschließend kochen Sie kurz auf.

Trinken Sie von diesem Tee nicht mehr als 2 Tassen schluckweise über den Tag verteilt. Er hilft bei Depressionen, Fieber, Wurmerkrankungen und Rheuma, unterstützt die Rekonvaleszenz und dient bei offenen Beinen als Auflage sowie als Badezusatz.

Eschengeist

- Zerkleinern Sie alle Zutaten und geben Sie sie zu gleichen Teilen in eine weithalsige Flasche.
- Dann füllen Sie mit dem Alkohol auf, bis alles vollständig bedeckt ist.
- Lassen Sie die Flasche für 3 Wochen an einem sonnigen oder warmen Platz stehen, wobei Sie sie gelegentlich schütteln.
- Anschließend filtern Sie ab.

Eschensamen mit Flügel
Wacholderbeeren und evtl. Reiser
Melissenblätter
Pfefferminz- und Rainfarnblätter
Majoran
70%iger Alkohol

Tip

Reiben Sie sich mit dem Eschengeist ein, wenn Sie unter Gelenkschmerzen, Hexenschuß, Gicht, Muskelschmerzen oder Rheuma leiden.

Faulbaum

Botanik, Geschichte, Kultur

Der Faulbaum *(Rhamnus frangula L.)* ist ein raschwüchsiger robuster kleiner Baum, der bis zu 7 Metern heranwächst oder als Strauch bis zu 4 Meter Höhe erreicht. Sein Holz, vor allem aber seine Rinde verströmt einen unfeinen, mehr oder weniger üblen Geruch.

Der Faulbaum gehört zur Familie der Kreuzdorngewächse (Rhamnaceae), er kann bis zu 60 Jahre alt werden. In Mooren, an Flußufern, in feuchten Wäldern oder an Wegrändern gedeiht er gleichermaßen – Hauptsache der Boden bietet ihm ständig genügend Feuchtigkeit, die er zum Wachstum gebraucht. Kälte und Hitze schaden ihm kaum, und auch im Schatten anderer Bäume kommt er gut zurecht.

Seine äußere glatte Rinde ist von fast bleigrauer Färbung und mit zahlreichen grauweißen Korkwarzen, den sogenannten Lentizellen, versehen. Seine Innenrinde ist grüngelb, auch daran kann man den Strauch gut erkennen.

Charakteristisch für den Faulbaum ist sein übler Geruch.

Die Blätter des Faulbaumes sind breit elliptisch, ganzrandig, leicht gewellt, dünn und kahl, an der Oberseite dunkelgrün und wechselständig angeordnet. Die Blattunterseite ist glänzend und etwas heller grün. Der Blattstiel ist leicht behaart und zur Sonnenseite hin rot gefärbt.

Die Blütezeit beginnt im Mai und dauert bis Juli, manchmal sogar noch länger. Die zwittrigen fünfgliedrigen Blüten sind als kleine grünlich-weiße Knäuel in den Blattachseln angeordnet. Ohne diese kompakten Blütenknäuel würde man die winzigen, wie Sternchen aussehenden Blüten kaum erkennen. Aus ihnen entwickeln sich die meist dreikernigen, nicht mal erbsengroßen Steinfrüchte, die zu Anfang grün aussehen, dann im Laufe ihrer Reifephase von rot nach schwarz oder blauschwarz übergehen. Meist zeigt der Faulbaum seine kleinen Früchte in allen drei Farben gleichzeitig.

Wirkstoffe und Anwendungen

Inhaltsstoffe

- Glykofrangulin
- Frangulin
- Bitterstoffe
- Arachinsäure
- Chrysophansäure
- Rhamnoanthin
- Rhamnocerin
- Emodin
- Zucker
- Gerbstoffe

Wirkung

- galletreibend
- abführend
- wurmtötend

Anwendung bei

- Verstopfung
- Leber-Galle-Leiden
- Hämorrhoiden
- Völlegefühl

Die Faulbaumrinde wurde früher sehr unterschiedlich eingesetzt: Unsere Vorfahren verwendeten sie zur Herstellung von Schießpulver und darüber hinaus schätzten sie aber auch die milden Eigenschaften des Faulbaums als Abführmittel.

Heute ist Faulbaum als Bestandteil einiger Frühjahrstees ebenfalls geläufig. Wenn Sie die Rinde selbst ernten möchten, so beachten Sie bitte folgendes: Schälen Sie die Rinde im Mai/Juni von den Seitenästen ab und lagern Sie sie vor

Gebrauch ein Jahr ein. Nicht abgelagerte Rinde ist für den Organismus sehr belastend und würde Brechreiz, Durchfall oder Leibschmerzen auslösen. Bedenken Sie bitte auch, daß die Tagesdosis 15 g nicht überschreiten sollte.

Wie Rhabarber, Aloe oder Sennes zählen die Faulbauminhaltsstoffe zur Gruppe der Anthrachinonenglykoside. Diese Wirkstoffe regen die Nerven des Dickdarmes an, wodurch die Sekretion der Darmschleimhaut erhöht und die Kontraktion des Darmes verbessert wird.

Der Vorzug der **Faulbaumrinde** gegenüber anderen Abführmitteln besteht darin, daß selbst bei längerfristiger Einnahme die Darmschleimhaut nicht gereizt wird und auch keine Gewöhnung eintritt. Ihre Eigenschaften beruhen eher auf einer sanft einsetzenden Wirkung, die zwar erst nach etwa 6 bis 10 Stunden erfolgt, sich dafür aber auch auf mehrere Tage ausdehnt.

Faulbaumrinde ist besonders bei Dickdarmerschlaffung, Leber- und Gallenblasenleiden, Wurmbefall, Hämorrhoiden, Völlegefühl und den damit verbunden Leibschmerzen, Kopfschmerzen oder Schwindel angezeigt. Auch bei chronischer Stuhlverstopfung ist Faulbaumrinde ein geeignetes Mittel.

Der **Tee** wird zum äußerlichen Gebrauch bei Krätze oder Grind empfohlen. In diesem Fall kann auch die junge, frische Rinde verwendet werden.

Seltener wird die Zubereitung aus den roten Faulbaumbeeren verwendet. Sie wirken wesentlich schwächer, ebenso wie die Blätter. Die Abkochung der Rinde ist im Verhältnis dazu etwa 4- bis 5mal stärker.

Volksmedizinische Weisheiten

- Bei Zahnfleischentzündungen wurde getrocknete Faulbaumrinde in Essig abgekocht und zum Gurgeln genommen. Die erste, dunkle Rinde wurde dabei verworfen und nur die darunterliegende gelbe Rinde kam in Betracht.
- In der Volksmedizin wurde der Faulbaumrindentee auch für Waschungen oder Umschläge bei Mensch und Tier verwendet. Ekzeme oder Krätze wurden ebenso wie Flöhe, Läuse oder Milben damit behandelt.

Rezepte

Faulbaumrindentee

- Setzen Sie 1 EL abgelagerte Faulbaumrinde mit 2 Tassen kaltem Wasser an.
- Lassen Sie das Ganze zwölf Stunden oder bis zum nächsten Tag stehen, dann erwärmen Sie leicht.
- Trinken Sie am Abend vor dem Schlafen eine Tasse. Bei Bedarf können Sie am nächsten Morgen noch einmal eine Tasse Tee zu sich nehmen. Die Teekur sollten Sie nicht länger als höchstens vier Wochen anwenden.

Faulbaumbeeren

- Nehmen Sie $^{1}/_{2}$ TL getrocknete oder auch frische Beeren.
- Zerstampfen Sie die Beeren zu Mus und süßen Sie mit Honig.
- Nehmen Sie täglich 2 TL davon.

Beachten Sie

Die Beeren wirken schwächer abführend als die Rinde.

Faulbaumwein

4 Teile mindestens ein Jahr abgelagerte Faulbaumrinde
1 Teil Löwenzahnwurzel
1 Teil Schafgarbe
1 Teil Wegwarte
Rotwein

- Geben Sie die frischen (oder getrockneten) Kräuter zusammen mit der richtig abgelagerten Rinde in ein weithalsiges Glas, so daß es etwa bis zur Hälfte gefüllt ist.
- Den Rest des Inhaltes gießen Sie mit Rotwein auf.
- Lassen Sie den Ansatz drei Wochen ziehen, wobei Sie zwischendurch hin und wieder schütteln.
- Zum Schluß filtern Sie alles gut durch.
- Nehmen Sie von diesem Medizinalwein bei Völlegefühl oder Leibschmerzen vor dem Essen 1 bis 2 Likörgläser ein.

Faulbaumrinde

20 g Faulbaumrinde
200 ml Wasser
50 ml Zucker- oder Honigwasser

- Geben Sie die Faulbaumrinde in das Wasser und kochen Sie das ganze ein, bis etwa 100 ml übrig bleiben.
- Anschließend fügen Sie das Zucker- oder Honigwasser hinzu und kochen nochmals auf.

Wenn Sie unter Verstopfung leiden, nehme Sie abends 2 bis 4 El davon ein, um den Darm anzuregen.

Tip

Sie können auch dreimal am Tag 1 gehäuften TL pulverisierte Faulbaumrinde einnehmen, die Sie am besten in Milch auflösen. Damit es keine Klümpchen gibt, rühren Sie das Pulver zuerst mit ganz wenig Milch an.

Faulbaum-Apfelwein

- Geben Sie 1 bis 2 TL abgelagerte Faulbaumrinde in 1 l Apfelwein.
- Bringen Sie das Ganze zum Kochen und seihen Sie dann ab.
- Trinken Sie davon über den Tag verteilt etwa einen Achtelliter.

Alten Rezepten zufolge wurde dieser Wein als Mittel gegen Arteriosklerose eingesetzt.

Fichte

Botanik, Geschichte, Kultur

Die Fichte *(Picea abies)*, auch Rottanne genannt, ist ein genügsamer Baum der Hochebenen und Gebirge. An ihren gemäßigten Standorten erreicht sie Höhen von 40 bis sogar 60 Metern. Sie stellt wenig Ansprüche: Feuchte reine Luft und frischer Boden genügen ihr zum guten Gedeihen.

Ihre Rinde ist in der Jugend glatt bis feinschuppig und rotbraun. Später wandelt sie sich in eine graubraune, in muldenförmigen runden Schuppen abblätternde Borke um. Sie umgibt das harzreiche, weiche, hellgelbe oder weißliche Holz, das sich für vielfältige Anwendungen (Möbel, Vertäfelungen usw.) eignet.

Im Kulturwald ist die Fichte nicht zu Hause, hier wird sie kaum 150 Jahre alt. Unter ursprünglichen Bedingungen könnte sie dagegen 600 Jahre alt werden. Dazu kommt noch, daß das Waldsterben gerade diesen Baum stark getroffen hat: Bereits 80 % unserer heimischen Fichten sind geschädigt.

Unter natürlichen Voraussetzungen beginnen einzeln stehende Fichten im Alter von 30 bis 40 Jahren erstmals zu blühen, in Kulturbeständen meist erst ab dem 60. Jahr oder in rauhen klimatischen Zonen noch später. Ab diesem Zeitraum tragen sie alle 3 bis 4 Jahre reichlich Samen.

Die purpurfarbenen weiblichen Blüten erscheinen im April oder Mai, sie befinden sich als aufrechtstehende

Zäpfchen an den Spitzen der vorjährigen Triebe. Männliche Blüten, anfangs noch kleine grüne Zapfen, stehen zwischen den spitzen, vierkantigen, an der Unterseite mit einer Rinne versehenen Nadeln der vorjährigen Triebe.

Fichtenzapfen sind ein Jahr nach der Bestäubung reif und hängen mit 10 bis 15 cm Länge an den Zweigen herab. Zwischen den Fruchtschuppen sind kleine Deckschuppen sichtbar, welche jeweils im kommenden Frühjahr davonsegeln. Erst dann fallen die Zapfen auf die Erde.

Tannenzapfen stehen dagegen aufrecht an den jungen Zweigen. Nach der Reife fallen die Fruchtschuppen und die geflügelten Samen hinunter, die leeren Zapfen jedoch können noch Jahre an dem Baum hängenbleiben.

Im Gegensatz zur Fichte hat der Stamm der Tanne eine etwas silbrig schimmernde weißgraue Borke, daher stammt auch die Bezeichnung Weißtanne. Die weiblichen Blüten sind hellgrüne stehende Zapfen, die männlichen Blüten zeigen sich als gelbe Kätzchen.

Fichte und Tanne können zu Heilzwecken gleichermaßen verwendet werden.

Um das gleich vorwegzunehmen: Für Heilzwecke werden Fichte und Tanne gleichermaßen verwendet. Deshalb ist es nicht weiter schlimm, wenn man sie ab und zu durcheinanderbringt.

Wie kommt denn nun die Tanne oder Fichte zur Weihnachtszeit in unser Wohnzimmer? Man könnte annehmen, daß diese Tradition, einen festlich geschmückten Christbaum zum Weihnachtsfest aufzustellen, aus uralten Überlieferungen stammt. Dabei ist dieser Brauch nur wenig mehr als 100 Jahre alt.

Ursprünglich wurde das Haus mit blühenden Ästen und immergrünen Zweigen geschmückt. Damit schützten sich die Bewohner vor dunklen Mächten in der lichtarmen Jahreszeit und symbolisierten ihr Hoffen auf die lebenserneuernden Elemente der Natur.

Für viele abergläubische Seefahrer hatte das Aufstellen eines Fichtenstamms ganz und gar nichts mit Weihnachten zu tun. Für sie war die Fichte nicht nur ein Segen.

Obwohl aus ihr die längsten und gradlinigsten Schiffsmasten hergestellt wurden, kamen damit auch die Klabautermänner an Bord, über deren Unwesen so manche Schauergeschichte zum Besten gegeben wurde.

Wirkstoffe und Anwendungen

Inhaltsstoffe

- ätherisches Öl
- Bronylacetat
- Vitamin C
- Provitamin A
- Harz
- Limonen
- Linalool
- Cymol
- Pinen

Wirkung

- hustenlösend
- schleimlösend
- beruhigend
- durchblutungsfördernd
- krampflösend
- schweiß- und harntreibend
- desinfizierend

Anwendung bei

- Atemwegskatarrh
- Rheuma
- Nervosität
- Magen-Darm-Störungen
- Gliederschmerzen
- Durchblutungsstörungen
- Hexenschuß
- Lungenverschleimung
- Hautleiden

Zur Zeit der Fichtenblüte, von Ende April bis in den Mai, sammelt man die jungen hellgrünen Triebe, die Nadeln und die Zapfen.

Beachten Sie

Fragen Sie vorher beim Forstamt um Erlaubnis, da die jungen Sprossen unter Naturschutz stehen.

Frische, junge Nadeln enthalten 0,15 bis 0,25% ätherisches Öl. Der Vitamin-C-Gehalt schwankt je nach Standort und Jahreszeit zwischen 105 mg und 175 mg.

Die Fichte enthält Terpentin, eine dickflüssige balsamische Masse, aus der durch Destillation das Fichtenharz gewonnen wird. Das Terpentinöl oder ätherische Öl bleibt als Rückstand zurück. Kolophonium (= Geigenharz), das von Terpentinölen befreite Harz, wird auch als Abdichtungsmittel (Faßpech) verarbeitet. Im 16. Jahrhundert kletterte man in eine mit Faßpech gestrichene Tonne und atmete dessen Dämpfe ein, wenn man etwas gegen seinen Schnupfen tun wollte.

Diese Inhaltsstoffe sind Bestandteil vieler Salben und Öle, die u.a. auch zur Inhalation verwendet werden. Ferner dienen sie zur Einreibung bei rheumatischen Erkrankungen, Gliederschmerzen, Muskelkater, Hexenschuß oder Sehnenscheidenentzündungen. Auch Sebastian Kneipp empfahl zur allgemeinen Kräftigung, beim Waldspaziergang ein erbsengroßes Stück Tannenharz zu schlucken.

Terpentinöl wird über die Haut aufgenommen und kann so auf den ganzen Organismus seine wohltuenden Heilkräfte entfalten. Auf der Haut bewirkt das Öl ein angenehmes Wärmegefühl und fördert die Durchblutung. Leider kann es auch zu allergischen Reaktionen kommen; bei Überdosierung können Kopfschmerzen, Erbrechen und teilweise erhebliche Schäden des zentralen Nervensystems auftreten.

Fichtennadeltee enthält viel Vitamin C und fördert die Blutreinigung.

Die **Abkochungen** der jungen Nadeln sind auch für den Hausgebrauch geeignet. Aufgrund seines Vitamin-C-Gehaltes fördert der Tee die Blutreinigung, außerdem dient er zum Gurgeln bei Zahnfleischentzündungen. Ansonsten ist er wegen seiner schleimlösenden, keimwidrigen und auswurffördernden Eigenschaften bei Husten, Verschleimungen der Lunge oder Bronchien ein hilfreiches Therapeutikum.

Für Bäder eignen sich die **Fichtenzweige** und **Fichtenzapfen.** Sie wirken wohltuend auf alle Atemwegskatarrhe, bei Gelenkschmerzen, Durchblutungsstörungen, Nervosität, Schlaflosigkeit und Erschöpfung. Wegen ihrer Inhaltsstoffe, aber auch durch ihren angenehmen Waldgeruch tragen sie zur Entspannung bei.

Fichtenbäder wirken entspannend und helfen bei Erkältung, Husten etc.

Fichtenspiritus wird äußerlich zum Einreiben schmerzender Gelenke oder Muskeln angewendet. Er wirkt durchblutungsfördernd, schmerzlindernd und entspannend.

Fichtenkohle (Carbo vegetabilis) wird aus dem Holz der Fichte hergestellt. Sie wirkt desinfizierend und wird bei entzündlichen Prozessen des Magen-Darm-Traktes empfohlen. Die Kohle absorbiert die Giftstoffe im Darm.

Pechpflaster (pix alba) finden ihre Anwendung bei Neuralgien oder Furunkel. Sie erhalten sie in der Apotheke.

Volksmedizinische Weisheiten

- Bei Gelenkrheuma lindern Auflagen aus Heublumen, Haferstroh und Tannennadeln die Schmerzen. Gleichzeitig sollte man viel Vitamin C zu sich nehmen, damit die Giftstoffe schneller aus dem Körper ausgeschieden werden können. Viel Vitamin C enthalten Zitrusfrüchte, roter Paprika, schwarze Johannisbeeren, Kiwi und Sanddorn.
- Terpentinöl mit Lorbeer und Honig vermengt wirkt heilend bei Frostbeulen.

- Ekzeme oder trockene Flechten werden aus Abkochungen der Klettenwurzel unter Zusatz von Fichtennadelextrakt und etwas Kochsalz behandelt.
- Fichtensprossensaft roh oder mit Honig eingekocht galt als husten- und schleimlösendes Mittel.
- Im 16. Jahrhundert bereitete man aus 1 Lot Terpentin, 1 Eidotter und einem Stückchen gesalzener Butter eine Paste. Diese wurde auf ein Tuch gestrichen, mit einem Reim besprochen und auf üble Wunden gelegt.
- Ein nußgroßes Stück Fichtenharz mit ein wenig Muskatnuß und Zucker vermengt sollte bei Darmwinden und schmerzenden Gliedern eingenommen werden.
- Fichtenharz, in Wein gelöst, trank man bei Nierenleiden. Mit Honig vermengt galt es als heilsames Mittel bei Angina.

Aromatherapie

Das in der Aromatherapie verwendete Fichtennadelöl (Pine needle) stammt größtenteils aus Tirol. Im Sibirien wird das ätherische Öl hauptsächlich aus der Sibirischen Tanne *(Abies sibirica)* gewonnen.

Der wunderbar würzige Waldduft des Fichtennadelöls eignet sich sehr gut zum Inhalieren bei Erkrankungen der oberen und unteren Atemwege, wie Bronchitis, Asthma, Grippe, Tuberkulose, Lungenentzündung, oder auch bei Kopfschmerzen, wenn die Ursache in einer Vereiterung der Stirn- oder Nasennebenhöhlen liegt.

Wichtig

Für die innerliche Anwendung können Sie sich eine Tinktur herstellen:

- Nehmen Sie die Tinktur niemals unverdünnt ein, sondern mischen Sie sie immer mit Honig oder Tee.
- Mischen Sie 5 ml Alkohol mit 1 ml Fichtennadelöl – diese Mischung schützt vor Überdosierung.
- Nehmen Sie 3 x täglich bis zu 10 Tropfen.

In einem Fichtenölbad kann man nach einem anstrengenden Arbeitstag so richtig entspannen und neue Kräfte sammeln. Der würzige Waldduft sorgt für einen erholsamen Schlaf und ist wahrhaft Balsam für Körper und Seele. Außerdem fördert das Bad die Hautdurchblutung und kann wegen seiner antiseptischen Eigenschaften auch bei Blasenkatarrhen, Nierenentzündungen und allen schon aufgeführten Beschwerden hilfreich sein.

Dieses **Massageöl** hilft, die Durchblutung zu fördern oder Gelenk- und Muskelschmerzen zu lindern:
- 5 Tropfen Fichtennadelöl
- 5 Tropfen Zitronenöl
- 4 Tropfen Rosmarinöl
- 4 Tropfen Lavendelöl

Geben Sie die ätherischen Öle in 50 ml Grundöl Ihrer Wahl und verschütteln Sie es gut.

Zum Baden nehmen Sie das ätherische Öl oder Ölmischungen, nur mit einem Emulgator vermengt, damit die Öle nicht wie ein Fettfilm auf der Oberfläche schwimmen. Hierzu genügt es, einige Tropfen auf Meersalz zu geben oder in Milch oder Sahne zu verrühren.

Tip

Um allergische Reaktionen, z.B. Haut- oder Schleimhautreizungen, zu vermeiden, sollten Sie zunächst sehr sparsam dosieren. Später können Sie die Dosis immer noch erhöhen.

Sie können ätherisches Fichtennadelöl auch Ihren Haushaltsreinigungsmitteln wie Neutralseife zufügen; das ergibt einen herrlichen Duft und wirkt zusätzlich antiseptisch.

Das Edeltannenzapfenöl (Albis alba) stammt hauptsächlich aus den USA. Sein angenehmer Waldduft wirkt Erschöpfungszuständen entgegen, fördert die Hautdurchblutung und kann bei rheumatischen Beschwerden oder Erkältungskrankheiten hilfreich sein.

Rezepte

Fichtennadeltee

- Weichen Sie 10 g Fichtennadeln in 1 Tasse kaltem Wasser ca. 12 Stunden ein.
- Anschließend kochen Sie kurz auf und lassen das Ganze 10 Minuten ziehen.
- Trinken Sie täglich 2 Tassen, mit Honig gesüßt. Nach 1 Woche halten Sie eine siebentägige Pause ein.

Atemwegskatarrhe, Husten, Muskelkater, Rheumatismus und Nervosität lassen sich mit diesem Fichtennadeltee positiv beeinflussen.

Fichtennadelbad

- Kochen Sie 1 kg Fichtennadeln und -zapfen mit reichlich Wasser auf und lassen Sie es ziehen.
- Anschließend sieben Sie durch und geben den Absud dem Badewasser bei.

Dieses wohlriechende Bad empfiehlt sich bei Nervosität und Erkältung und tut besonders bei Muskel- oder Gelenkschmerzen gut, da es die Durchblutung fördert.

Fichtenzapfenöl

- Schneiden Sie 6 junge Fichtenzapfen (oder Tannenzapfen) klein und bedecken Sie sie mit Spiritus aus der Apotheke.
- Lassen Sie das Ganze 8 Tage ziehen.
- Anschließend gießen Sie 1 l gutes Öl (z.B. Sonnenblumenöl oder Olivenöl) dazu und verschütteln kräftig, damit es sich gut mischt.

Bei Lungenkatarrh reiben Sie damit 3 bis 4 Tage hintereinander die Brust und den Rücken ein.

Sie können die Wirkung verstärken, wenn Sie nur $^3/_4$ l Öl zufügen und das Ganze nochmals 14 Tage ruhen lassen. Dazu stellen Sie das Öl in einen warmen Raum und stechen einige Löcher in den Deckel.

Auch dieses Öl dient zur Einreibung bei Rückenmarksleiden oder Gelenkschmerzen.

Fichtenspiritus

- Mischen Sie die Fichtensprossen, die Wacholderbeeren und die Lavendelblüten in einem großen Glas.
- Übergießen Sie alles mit dem Alkohol und lassen Sie das Ganze drei Wochen im Warmen ziehen, wobei Sie das Glas hin und wieder schütteln.
- Zum Schluß seihen Sie ab und bewahren den Spiritus im Dunkeln auf.

2 Teile frische Fichtensprossen
1 Teil Wacholderbeeren
1 Teil Lavendelblüten
70%iger Alkohol

Wichtig

Wenden Sie den Fichtenspiritus nur äußerlich an! Er eignet sich zur Behandlung von Gelenk- und Muskelschmerzen, Rheuma, Gicht, Stauungsödemen der Haut und Nervenschwäche.

Fichtenhonig

- Füllen Sie junge Maitriebe von Fichten oder Tannen in ein weithalsiges Glas und bedecken Sie sie mit Wasser.
- Das Glas lassen Sie vier Tage an der Sonne stehen.
- Dann schütten Sie alles in einen großen Topf um und geben frische Walderdbeerblätter dazu. (Die Blätter der Gartenerdbeeren gehen auch.)
- Alles zusammen kochen Sie ca. 20 Minuten, dann sieben Sie durch, vermengen es 1:1 mit Zucker und kochen es dick ein.
- Anschließend füllen Sie sofort in kleine Gläser ab.

Der Fichtenhonig ist ein bewährtes Mittel gegen Husten oder Grippe, das auch Kindern gut schmeckt.

Fichtensprossen zur Inhalation

- Kochen Sie 2 bis 3 EL getrocknete Fichtensprossen in 1 l kochendem Wasser kurz auf und nehmen Sie sie anschließend sofort vom Herd.
- Inhalieren Sie die Dämpfe etwa 10 bis 15 Minuten lang.

Bei Bronchitis, Asthma, Lungenerkrankungen, Stirn- oder Kieferhöhlenkatarrh lindert die Inhalation wohltuend die Beschwerden. Sie können sie mehrmals täglich anwenden.

Kastanie

Botanik, Geschichte, Kultur

Die Kastanie oder Gemeine Roßkastanie *(Aesculus hippocastanum L.)*, wie ihre genauere Bezeichnung lautet, wird den Balsamgewächsen (Hippocastanaceae) zugeordnet. »Aesculus« bezeichnete bei den Römern die immergrüne Wintereiche; unser deutsches Wort Eiche hat sich etymologisch daraus entwickelt. »Hippocastanum« ist zusammengesetzt aus gr. »hippo« = Pferd und lat. »castanea« = Kastanie (für Baum und Frucht). Nach alten Überlieferungen verdankt die Kastanie ihren Namen dem Umstand, daß ihre stärkereichen und nahrhaften Samen in früheren Zeiten dem Futter erkrankter oder schwer atmender Pferde zugefügt wurden.

Dieser stattliche, bis zu 25 Meter hohe Baum ist in Alleen und Parks, aber auch in Gärten häufig angesiedelt. Ihre wohlgeformte Krone bietet an jedem Standort ein schmuckes Bild. Besonders eindrucksvoll erscheint der Kastanienbaum im Mai und Juni zur Blütezeit. Dann stehen die weißen Blütenkerzen in aufrechten Rispen beisammen und ragen wie pyramidenförmige Kerzen an der Baumkrone empor.

Die Blüten bestehen aus einem ungleich fünflappigen Kelch und den Kronblättern. In ihrem Inneren sind sie mit einem gelben, später, während des Abblühens, von Orange in Rot übergehenden Saftmal versehen, das den Bienen als Signal für Nektar dient.

Erst nach und nach falten sich die fünf bis sieben Fiederblätter des zusammengesetzten, noch nach unten hängenden Blattes auseinander. Ganz allmählich befreien sie sich aus ihrem weichen Flaum, der sie vor zu großer Sonneneinstrahlung schützt. Langsam wird das Blatt derber, es beginnt sich zu glätten und erst dann richtet es seine gefingerten, am Rand gezähnten, glänzend-grünen Blätter auf.

Im Herbst fallen die Samen, die wir als Kastanien bezeichnen und die bis dahin geschützt in ihrer grünen stacheligen Fruchtschale heranreiften, zu Boden.

Die rotblühende, etwas kleiner bleibende Roßkastanie *(Aesculus x carnea)* entstand aus einer Kreuzung zwischen der europäischen *(Aesculus hippocastanum)* und der kalifornischen Kastanienart *(Aesculus pavia)*; auch sie kann zu Heilzwecken verwendet werden.

Die Edelkastanie oder Eßkastanie *(Castanea sativa)* gehört nicht zur Gattung der Roßkastanie. Sie ist ein Buchengewächs (Familie Fagaceae). Von ihr kennen wir die schmackhaften Maronenfrüchte.

Wirkstoffe und Anwendungen

Inhaltsstoffe

- Gerbstoffe
- Bitterstoffe
- Säuren
- Enzyme
- Aescin
- Aesculin
- Adenosin
- Rutin
- Glykoside

Wirkung

- abschwellend
- durchblutend
- ausschwemmend
- entzündungshemmend
- zusammenziehend

Anwendung bei

- Krampfadern
- Venenleiden
- Verstauchungen
- Prellungen
- Gefäßerkrankungen
- Rheuma
- Magen-Darm-Erkrankungen
- Hämorrhoiden

Obschon die Anwendung der Kastanie seit langem bekannt ist, wurde ihre eigentliche Heilkraft erst durch einen französischen Arzt bewiesen, der im Jahre 1896 überraschende Erfolge mit einer von ihm entwickelten Roßkastanientinktur verzeichnen konnte.

Seitdem weiß man, daß der Schwerpunkt ihrer Heilwirkungen in der Tonisierung des gesamten Gefäßsystems beruht.

Das auch in den Blättern und Blüten enthaltene Saponin Aescin, ein Seifenstoff, wirkt zusammenziehend, abschwellend, schleimlösend und gewebeentwässernd.

Der Wirkstoff Aesculin absorbiert ultraviolette Strahlen.

Der Wirkstoff Aesculin, eine Cumarinverbindung, die überwiegend in der jungen Rinde, aber auch in den Samenhüllen und den Blüten vorkommt, wirkt anregend auf den Stoffwechsel, ist durchblutungsfördernd und absorbiert ultraviolette Strahlen; daher ist Aesculin in vielen Gletschersalben gegen Sonnenbrand enthalten.

Dank der spezifischen Zusammensetzung ihrer Inhaltsstoffe wird die Kastanie mit Erfolg bei venösen Stauungserscheinungen, zur Verhütung von Thrombosen, bei Bandscheibenschäden, Unterschenkelgeschwüren, Wadenkrämpfen, auch während der Schwangerschaft, bei Brüchigkeit der Venen (Couperose), Beschwerden der Vorsteherdrüse, Blutergüssen, Prellungen, Sportverletzungen, Zerrungen oder Krampfadern eingesetzt. Bei Verschleimung der Atemwege oder schmerzhafter Regelblutung hat sie sich ebenfalls bewährt.

Geröstete Kastanien finden auch zur Blutreinigung Verwendung. Aufgrund des Gerbstoffgehalts wirken Zubereitungen der Roßkastanie auch auf entzündliche Magen-Darm-Erkrankungen recht heilsam.

Des weiteren kommen ihre wertvollen Extrakte bei Hämorrhoiden bzw. nach deren operativer Entfernung zum Einsatz. Sie dienen dazu, die Gefäßwände zu verdichten, erhöhen deren Elastizität und verringern die Durchlässigkeit und Brüchigkeit.

Tip

Um ausreichende Linderung zu erzielen, sollten die Extrakte bei den meisten Beschwerden über einen längeren Zeitraum verabreicht werden. Sehr zu empfehlen sind Fertigpräparate aus der Apotheke, die Sie größtenteils auch rezeptfrei erwerben können. Für innerliche Anwendungen ist es besser, wenn Sie die angebotenen Produkte vorziehen.

Roßkastanienrinde wird am günstigsten zur Zeit des Safttreibens im März, aber auch im September gesammelt. Blüten erntet man im Mai/Juni und die Kastanien zur Reifezeit etwa von September bis Oktober.

Volksmedizinische Weisheiten

- Gebratene Kastanien wurden mit Gerstenmehl und soviel Essig vermengt, daß ein dicker Brei entsteht. Diesen Brei legte man als Umschlag auf schmerzhaft verhärtete Brüste auf.
- Roßkastanien – entbittert und gemahlen – können wie Stärkemehl für Suppen oder Soßen verwendet werden. Zum Entbittern legt man die Roßkastanien eine Nacht in Milch ein. Dann spült man sie ab und kocht sie mit frischem Wasser kurz auf. Danach gießt man das Wasser ab und trocknet, besser noch röstet die Kastanien. Anschließend können sie vermahlen werden.

Bachblüten

»Chestnut Bud« hilft, innere Ruhe zu finden und quälende Gedanken zu vertreiben.

Dr. Edward Bach empfiehlt die Roßkastanienessenzen Menschen, die geistig überansprucht sind. Wenn Gedanken und ständige innere Dialoge immer und immer wieder durch den Kopf gehen, der Mensch keine Ruhe findet und nicht fähig ist, auch nur einen klaren Gedanken zu Ende zu denken, hilft die Essenz, die quälenden Gedankenströme in innere Ruhe und geistige Klarheit umzuwandeln.

»Chestnut Bud« ist die Blütenessenz der Roßkastanienblüte. Sie soll den Menschen helfen, aus ihren Fehlern und Erfahrungen zu lernen. Manche Menschen neigen dazu, immer wieder in die gleichen Unannehmlichkeiten zu geraten, weil sie sich weigern, sich mit ihrem Problem auseinanderzusetzen. Sie sind wahre Meister im Verdrängen negativer Erlebnisse und noch nicht bereit, aus den Erfahrungswerten positiven Nutzen zu ziehen. Das kann dazu führen, immer wieder bestimmte Situationen zu erleben, so lange, bis der Mensch die Sinnhaftigkeit dessen gelernt hat.

Dr. Bach hat den Kastanien insgesamt sehr viel Bedeutung beigemessen. Es gibt auch Essenzen der rotblühenden Kastanie und der Edelkastanie.

Rezepte

Kastanientee

- Überbrühen Sie 1 TL Blätter und Blüten mit 1 Tasse kochendem Wasser.
- Lassen Sie den Tee etwas ziehen lassen und seihen Sie dann ab.

Von diesem Tee können Sie täglich bis zu zwei Tassen schluckweise trinken.

Kastanienrindentee

- Mischen Sie 1 TL zerkleinerte Rinde mit Blüten.
- Kochen Sie das Ganze mit 1 Tasse Wasser kurz auf.

Dieser Tee hilft bei erschlafften Venenwänden oder als Langzeittherapie zur Beseitigung von Blutstauungen.

Kastanienbad

- Kochen Sie 1 kg gehackte Kastanien mit in 3 bis 4 l Wasser etwa 15 Minuten lang und fügen Sie das dem Badewasser zu.

Dieses wohltuende Bad hilft vor allem bei Kreislauferkrankungen, Rheuma und Venenleiden.

Tip

Sie können die Kastanien auch über Nacht in kaltem Wasser ansetzen und bevor sie baden 15 bis 30 Minuten aufkochen. Als Teilbad, z.B. bei Herzerkrankungen, reicht auch die Hälfte der angegebenen Menge.

Kastanienblütenbad

- Schütten Sie gut zwei Hände voll Blüten in die Badewanne und geben Sie etwas kaltes Wasser darauf.
- Lassen Sie das Ganze bis zum nächsten Tag ziehen und füllen Sie dann mit warmem Wasser Ihr Bad auf.

Dieses Bad hat eine straffende und tonisierende Wirkung auf das Gefäßsystem. Die beste Wirkung erzielen Sie, indem Sie das Badewasser nur lauwarm anwenden.

Umschläge/Wickel

- Mischen Sie 3 EL Kastanienblüten, -rinde und zerhackte Kastanien und kochen Sie das Ganze in 1/2 l Wasser kurz auf.
- Tauchen Sie den Wickel darin ein, drücken Sie ihn kurz aus und legen Sie ihn auf den zu behandelnden Körperteil.
- Darauf geben Sie ein trockenes Leinentuch zum Abdecken.
- Lassen Sie den Wickel etwa 1 bis 2 Stunden einwirken und entfernen Sie ihn dann.

Der Wickel sollte bei Gelenkschmerzen, Prellungen, Krampfadern oder Blutergüssen viermal am Tag angewendet werden.

Kastanienextrakt

- Mischen Sie geschälte und zerstoßene Kastanien mit 70%igem Alkohol im Verhältnis 1:10.
- Lassen Sie sie eine Woche stehen, dann filtern Sie ab.

Der Extrakt hilft z.B. bei Durchblutungsstörungen des Herzmuskels, Thrombosen und Venenentzündungen. Man nimmt davon bis zu dreimal täglich 20 bis 30 Tropfen ein.

Kastanienbrei gegen Cellulite

- Geben Sie einige zerkleinerte Roßkastanien in Wasser, so daß sie ganz bedeckt sind, und kochen Sie sie weich.
- Anschließend zerdrücken Sie die Kastanien zu Brei.
- Bestreichen Sie nun die betroffenen Stellen mit dem Brei, decken Sie das Ganze evtl. mit einem Tuch ab und lassen Sie ihn eine Stunde wirken.
- Zum Schluß waschen Sie die Stellen kalt ab.
- Diese Anwendung sollten Sie über mehrere Wochen durchführen.

Tip

> Der Kastanienbrei hilft auch bei Gelenkschmerzen oder müden schweren Beinen.

Handpackung

50 g Hafermehl
30 g Mandelmehl
50 g Roßkastanienmehl
Olivenöl

- Schütten Sie das Mehl zusammen und verrühren Sie es mit soviel Olivenöl, daß ein weicher Brei entsteht.
- Reiben Sie damit Ihre Hände ein und massieren Sie etwas nach. Lassen Sie den Brei 2 bis 3 Minuten einwirken, dann waschen Sie ihn wieder ab.

Blütengeist

- Übergießen Sie 1 bis 2 Handvoll frische Kastanienblüten mit 1 Flasche Korn.
- Lassen Sie das Ganze vier Wochen in der Sonne oder an einem sonnigen Platz im warmen Raum stehen, anschließend filtern Sie ab.

Der Blütengeist eignet sich zur innerlichen Anwendung, z.B. bei Magenbeschwerden; nehmen Sie ca. 10 Tropfen ein. Bei Gicht, Rheuma, Muskel- oder Gliederschmerzen kann man ihn auch äußerlich anwenden und schmerzende Stellen damit einreiben.

Kastanienrheumageist

- Füllen Sie die frischen Kastanienblüten und die frische, kleingeschnittene Farnkrautwurzel bis etwa zur Hälfte in ein verschließbares Glas.
- Geben Sie nun den Alkohol hinzu, bis das Glas randvoll ist.
- Lassen Sie das Ganze drei Wochen warm stehen, wobei Sie das Glas gelegentlich schütteln.
- Zum Schluß füllen Sie die Flüssigkeit in eine dunkle Flasche um.
- Verwenden Sie den Rheumageist äußerlich für Einreibungen.

100 g Kastanienblüten
50 g Farnkrautwurzel
70%iger Alkohol

Kastanienkorn

- Lösen Sie den Kastanienflüssigextrakt und den Kampfer in dem Korn auf.

Wenn Sie unter Frostbeulen leiden, reiben Sie die betroffenen Stellen morgens und abends jeweils fünf Minuten damit ein.

50 g Kastanienflüssigextrakt (aus der Apotheke)
20 g Kampfer
$^1/_4$ l Korn

Kastanienmischung

- Vermengen Sie die Kastanienrinde mit den Walnußblättern und den Zypressenblättern.
- Geben Sie 2 EL dieser Mischung in $^1/_4$ l Wasser und lassen Sie es 10 Minuten kochen.

Mit diesem Mittel reiben Sie die schmerzenden Stellen ein. Am besten verwenden Sie diese Zubereitung, indem Sie einen Lappen damit tränken und auflegen. Bei Frostbeulen können sie darüber noch trockene Strümpfe ziehen.

30 g Roßkastanienrinde
50 g Walnußblätter
50 g Zypressenfrüchte
$^1/_4$ l Wasser

Kirsche

Botanik, Geschichte, Kultur

Die Kirsche *(Prunus avium L.)* gehört zur Familie der Rosengewächse (Rosaceae); alle Süßkirschenarten stammen von der Vogelkirsche ab, die nach Funden aus der Jungsteinzeit und der Bronzezeit in Mitteleuropa schon lange heimisch war.

Die Kirsche kann bis zu 25 Meter hoch werden. Ihr Stamm ist lang und gerade, mit aufstrebenden Zweigen und einer locker beblätterten, gleichmäßigen Krone. Bis zum 40. Lebensjahr wächst der Kirschbaum schnell, dann verlangsamt sich das Wachstum und schließt bis zum 60. Jahr ab. Nur selten werden Kirschbäume älter als 100 Jahre.

Die Blütezeit beginnt im April/Mai. Dann offenbart sich der Kirschbaum in schneeweißer Pracht: 50.000 bis 200.000 Blüten können an einem einzigen Baum bewundert werden. In einer Winterknospe ist ein ganzes Bündel Blütenknospen enthalten. Die einzelne Blüte ist fest von fünf Kelchblättern umgeben, dadurch sind die inneren, zarten Teile der Knospe während des Wachstums vor Wind, Kälte oder Regen geschützt.

Nur vor Spätfrösten ist auch die Kirsche nicht gefeit. Regnet es zuviel, verwässert der begehrte Nektar; dann bleiben die Bienen und Hummeln aus, und die Blüten gehen unbestäubt zugrunde. Ist es zu trocken, besteht immer noch die Gefahr des »Junifruchtfalls«: Der Baum wirft alle Fruchtansätze, die er nicht ausreichend versorgen kann, zu Boden. Ist alles gutgegangen, dann kommt es im Juli zur Fruchtreife.

Die Blätter erscheinen erst nach den üppigen Blüten. Die jungen Blättchen sehen wie lackiert aus. Die ausgebildeten Blätter sind verkehrt-eiförmig und am Blattrand unregelmäßig gesägt. An der etwas runzeligen Unterseite sitzen weiche Härchen.

Die Kirschbäume in unseren Gärten sind durch Veredelungen aus Wildformen entstanden. Heutzutage gibt es eine Fülle an Züchtungen, z.B. auch kleinwüchsige Sorten auf neuen Kirschunterlagen wie die Weiroot 158. Die Zahl kennzeichnet den Selektionstyp und gibt Aufschluß über die Wuchsstärke oder die Verträglichkeit mit anderen Kirschsorten. Durch die auf ca. drei Meter verminderte Höhe sind die kleinen Sorten auch für weniger große Gärten geeignet.

Erkundigen Sie sich in Gärtnereien oder Baumschulen nach geeigneten Kirschsorten.

Sobald die Kirschensaison beginnt, können Sie diese saftig-süße Frucht, die je nach Sorte gelbrotes, rotes oder schwarzes Fruchtfleisch besitzt, in Ihren Speiseplan einflechten. Zu Heilzwecken dienen neben der Frucht noch der Kirschenstiel, die Rinde, die Blätter, die Blüten und sogar der Kern.

In Griechenland waren bereits im 4. Jhd. v. Chr. verschiedene kultivierte Süßkirschen bekannt, während die Römer erst durch Lukullus die veredelte Form kennen lernten, der von einem Feldzug nach Kleinasien Früchte nach Rom mitbrachte.

Die Kirsche ist im Volksglauben tief verwurzelt, sie fand Eingang in zahlreiche Bräuche. So soll das erste Badewasser eines neugeborenen Mädchens an einen Kirschbaum geschüttet werden, damit es später schön und edel werde.

Noch heute wissen wir von dem Brauch, am Barbaratag (4. Dezember) Kirschzweige abzuschneiden und ins Wasser zu stellen. Wichtig war, daß die Zweige um Weihnachten herum erblühten, denn dies galt als Zeichen für ein segensreiches, fruchtbares, neues Jahr.

Viele spukhafte Geschichten wurden dem Kirschbaum in Märchen und Sagen angedichtet. Die Seelen Verstorbener sollen sich dort versammeln. Und bei Vollmond, wenn die Rinde in seinem Licht silbrig schimmert, kann man die Baumgeister in weißen Schleiern von durchsichtiger Gestalt wie das Mondlicht um den Stamm herumtanzen sehen.

Wirkstoffe und Anwendungen

Inhaltsstoffe	Fruchtzucker Vitamin A Kalzium Kalium	Magnesium Phosphor Fruchtsäure Pektine
Wirkung	hustenlindernd harntreibend entzündungshemmend desinfizierend	verdauungsfördernd reinigend erfrischend
Anwendung bei	Nierenerkrankungen Bluthochdruck Gicht Leber	Rheuma Herz-Kreislauf-Erkrankungen Fieber

Unsere Vorfahren schwörten auf die heilende, belebende und stärkende Kraft des Kirschbaumes. In alten Rezepturen nimmt die Zubereitung der Süß- und Sauerkirsche eine bedeutende Stellung ein. Nur in der heutigen Medizin ist sie als Heilmittel weitgehend von chemischen Produkten verdrängt.

Mit dieser verlockenden und appetitanregenden **Frucht,** die reich an Kalium, Kalzium, Magnesium, Vitaminen oder Phosphor ist, können Sie z.B. eine Kur zur Verdauungsförderung oder Entwässerung durchführen. Auch bei Übersäuerung gilt die Kirsche als hervorragendes Mittel,

um überschüssige Säuren auszuleiten. Gleichermaßen wirkt sie auf alle inneren Organe reinigend und entzündungshemmend.

Unsere Vorfahren wußten, daß ein durch Krankheit geschwächter oder fiebernder Mensch mit frischem **Kirschsaft** neue Lebenskraft gewinnt. Man sagt ihr auch nach, daß sie das Herz stärkt und verjüngend wirkt.

Auch bei schweren Krankheiten, wie Lungentuberkulose, war der Tee aus Kirschblüten und -blättern ein bewährtes Mittel. Bei chronischer Bronchitis verwendete man Tee aus den Kirschenstielen.

Die **Rinde** der Kirsche, die von den jungen Trieben gewonnen wird, diente als Umschlag bei rheumatischen Schmerzen; als Tee verabreicht, half sie bei nervösen Störungen, Magenschmerzen und Gichterkrankungen.

Der Kaloriengehalt der Kirsche ist nicht wesentlich höher als der von der Sauerkirsche, obschon sie mehr Fruchtzucker enthält. Auf 100 g Frucht hat die Süßkirsche knapp 40 kcal mehr. Leider kann der Verzehr großer Mengen frischer Kirschen bei empfindlichen Menschen zu Blähungen oder Darmreizungen führen. Wenn man die Kirschen erhitzt oder einfriert, so verliert sich dieser Effekt.

Volksmedizinische Weisheiten

- Einige Tropfen Kirschenharz in Wein oder Weinessig gelöst galt als verjüngender Wundertrank, der die Haut glatt und rein machte. Unreine Haut wurde damit betupft, oder man nahm jeden morgen nüchtern ein Teelöffelchen des Trankes ein.

- In Buttermilch getrunken, sollte das Kirschenharz vor allen Krankheiten bewahren, in Wein getrunken gegen Steinleiden helfen.
- Mit Essig aufgelöst diente es der Linderung bei Husten.
- Blüten in Korn angesetzt sollten gegen Depressionen und Schwermut helfen. Auch die Kirschkerne, zu Pulver gemahlen und eine Messerspitze am Tag eingenommen, entwässern und helfen bei Steinleiden.
- Auch gegen Potenzstörungen wurde die Kirsche eingesetzt: Auf 120 ml Weingeist gab man 15 bis 20 Kirschkerne. Nachdem man das Ganze einige Wochen stehen ließ, nahm man morgens und abends je 1 Teelöffel.
- Aus den Kirschkernen wurde auch ein Öl gepreßt, das ähnliche Verwendung fand wie Mandelöl. Es sollte gegen Milz- und Harnleiden wirken.

Rezepte

Kirschblütentee

- Übergießen Sie 20 g Blüten mit 1 großen Tasse kochendem Wasser und lassen Sie das Ganze ziehen.

Bei Husten und schweren Lungenerkrankungen trinken Sie über den Tag verteilt mehrere Tassen, die Sie nach Geschmack mit Honig süßen.

Wenn Sie unter einem Gerstenkorn oder entzündeten Augenlidern leiden, können Sie den Tee auch äußerlich als Umschlag anwenden.

Tip

Anstelle der Blüten können Sie auch junge Kirschblätter für den Tee verwenden; dieser Blätterabsud wirkt leicht abführend.

Kirschblätter können Sie getrocknet auch anderen Hausteemischungen zufügen.

Kirschenstieltee

- Kochen Sie etwa eine Handvoll getrockneter Stiele mit einem $^1/_2$ Liter Wasser 10 Minuten lang.
- Anschließend sieben Sie die Stiele ab und süßen mit Honig nach.

Kirschenstieltee hilft bei Bronchitis und bei Entzündungen der Harnwege, Arthritis oder Gicht.

Trinken Sie vor dem Zubettgehen eine Tasse davon. Der Tee lindert die Beschwerden und ist auch für Kinder gut bekömmlich.

Kirschkern-Kompresse

- Nehmen Sie die Kerne, die Ihnen beim Verarbeiten der Früchte für Kuchen o.a. übrig geblieben sind, und kochen Sie sie gründlich mit heißem Wasser ab. Es darf kein Fruchtfleisch zurückbleiben, denn dies könnte später faulen oder schimmeln.
- Anschließend lassen Sie die Kerne im Backofen trocknen und entfernen noch einmal etwaige Fruchtfleischreste.
- Zum Schluß geben Sie die Kerne in einem Baumwollbeutel.

Bei rheumatischen Schmerzen, Muskelverspannungen u.a. erwärmen Sie den Beutel und legen ihn wie eine Wärmflasche auf. Die Kerne speichern die Wärme sehr lange und geben gleichzeitig ihre wertvollen Wirkstoffe an den Körper ab. Sie können die Kirschkerne auch als Kältekompresse verwenden. Zum Vorkühlen legen Sie das Säckchen eine Weile in den Kühlschrank oder kurz in die Gefriertruhe.

Absud

- Kochen Sie 30 g trockene Kirschbaumrinde (von jungen Ästen) in 1 l Wasser auf.
- Lassen Sie das Ganze einige Minuten ziehen.

Trinken Sie von diesem Tee bei Fieber, Krämpfen, Magenschmerzen oder Gicht in kleinen Schlückchen über den Tag verteilt zwei Tassen.

Gesichtsmaske

- Entsteinen Sie mehrere Kirschen, zerkleinern Sie das Fruchtfleisch und tragen Sie es direkt auf das Gesicht auf.

Diese Gesichtsmaske hilft besonders fettiger und beanspruchter Haut, sich schnell zu regenerieren.

Süßkirsch-Grapefruit-Konfitüre

750 g Süßkirschen
1 Grapefruit
1 kg Gelierzucker
2 EL Kirschlikör (nach Geschmack)

- Vermengen Sie die gewaschenen, entkernten und zerkleinerten Kirschen mit der in kleine Stückchen geschnittenen Grapefruit und geben Sie den Fruchtzucker hinzu.
- Lassen Sie alles unter ständigem Rühren aufkochen und weitere vier Minuten köcheln.
- Je nach Wunsch können Sie die Konfitüre mit dem Kirschlikör verfeinern.

Grießklöße mit Kirschen

1/4 l Milch
1 Prise Salz
250 g Grieß
32 Kirschen
2 Eier
2 EL Mehl
60 g Butter
1 bis 2 EL Paniermehl
1 bis 2 EL Honig

Eine Portion hat ca. 474 kcal.

- Rühren Sie den Grieß in die aufgekochte, mit etwas Salz versehene Milch ein, lassen Sie erneut aufkochen und auf der abgeschalteten Kochplatte fünf Minuten ziehen.
- Geben Sie Eier und Mehl unter den erkalteten Grießbrei.
- Formen Sie mit feuchten Händen aus dem Brei ca. 16 Klöße und füllen Sie sie mit je 2 Kirschen.
- Dann bringen Sie in einem großen Topf leicht gesalzenes Wasser zum Kochen, geben die Klöße hinein und lassen sie bei mittlerer Hitze 5 Minuten ziehen, bis sie an der Oberfläche schwimmen.
- Anschließend lassen Sie sie bei schwacher Hitze weitere 20 Minuten ziehen.
- In der Zwischenzeit schmelzen Sie Butter und rösten darin die Semmelbrösel.
- Zum Schluß träufeln Sie auf die abgetropften Klöße etwas Honig und garnieren sie mit den Semmelbröseln.

Gebackene Kirschen

- Mehl, Zucker, Zimt und Salz mit der Milch und dem Wein verrühren.
- Dann fügen Sie die verquirlten Eier hinzu und lassen den Teig 30 Minuten quellen.
- Derzeit die Kirschen waschen, trocken tupfen und das Öl (oder Pflanzenfett) auf ca. 180 °C erhitzen.
- Binden Sie nun je fünf Kirschen an den Stielen zusammen und geben Sie sie erst in den Teig, anschließend in das heiße Fett (Vorsicht: es spritzt!).
- Die fritierten Kirschen legen Sie auf Kuchendraht und bestreuen sie dick mit Puderzucker.

150 g Weizenvollwertmehl
75 g Zucker
1 TL Zimt
1 Prise Salz
3 EL Milch und Weißwein
3 Eier
außerdem:
750 g Süßkirschen, mit Stiel
1 l Öl (besser Pflanzenfett)
75 g Puderzucker

Tip

Die gebackenen Kirschen schmecken sowohl heiß wie kalt ganz köstlich!

Kirschmichel

- Fetten Sie eine feuerfeste Form mit Butter ein und streuen Sie sie mit Semmelbrösel aus.
- Schneiden Sie das Brot in kleine Stücke und legen Sie die Form zu $^1/_3$ (schön dicht!) damit aus.
- Nun legen Sie die Hälfte der entsteinten Kirschen darauf, dann wieder eine Schicht Brot, Kirschen, zuletzt Brot.
- Anschließend schütten Sie Eier, Zucker, Salz, Milch, Kirschwasser und Zitronenschale in eine Schüssel, verquirlen alles kräftig, gießen es über den Auflauf und lassen es fünf Minuten einziehen.
- Heizen Sie den Ofen auf 220 °C vor und stellen Sie den Auflauf auf die mittlere Schiene. Die Backzeit beträgt ca. 45 Minuten.
- Bestäuben Sie den Auflauf, solange er noch heiß ist, mit Puderzucker.
- Mit Kirsch- oder Vanillesoße schmeckt der Auflauf sowohl als üppiges Dessert oder mal als Hauptgericht.

250 g Weißbrot oder Schwarzbrot
2 EL Semmelbrösel
1 kg Süßkirschen
6 Eier
200 g Honig
1 Prise Salz
1 l Milch
1 Glas (2 cl) Kirschwasser
etwas abgeriebene Zitronenschale
75 g Puderzucker

Eierkuchen

4 Eier, 4 EL Mehl
2 EL Zucker
$^1/_4$ l Milch, $^1/_4$ l Wasser
1 Prise Salz
4 EL Butter
500 g Süßkirschen
200 g zerstoßenen Zwieback

- Eier trennen, Eigelb schaumig schlagen und vorsichtig Mehl und Zucker zufügen.
- Anschließend Milch, Salz und Wasser glattrühren und untermischen.
- Nun schlagen Sie das Eiweiß zu steifem Schnee und heben es sachte unter die Masse.
- Erhitzen Sie die Butter in der Pfanne, geben Sie ein Viertel des Teiges hinein und lassen Sie das Ganze stocken.
- Dann verteilen Sie ein Viertel der Kirschen darauf und bestreuen sie mit 50 g Zwieback.
- Backen Sie die Unterseite goldgelb, bevor Sie mit Hilfe eines Deckels vorsichtig wenden.
- Anschließend backen Sie den Pfannkuchen gar und bestreuen ihn auf dem Teller mit Zucker.

Kaltschale

500 g Süßkirschen
100 g Zucker
$^1/_8$ l Wasser
abgeriebene Schale einer Zitrone
2 TL Speisestärke
2 Glas (2 cl) Kirschwasser
70 g Löffelbiskuits
$^1/_8$ l Sahne
1 EL Zucker

- Entsteinen Sie die Kirschen.
- Lassen Sie die entsteinten Kirschen mit Zucker, Wasser und Zitronenschale in einem Topf etwa zehn Minuten köcheln.
- Rühren Sie die Speisestärke mit Kirschwasser an und binden Sie die Kirschen damit.
- Lassen Sie das Ganze abkühlen.
- Nun legen Sie vier Glasschüsselchen mit Löffelbiskuits aus und füllen die Kaltschale ein.
- Auf jede Portion kommen Schlagsahne, einige gehackte Walnußkerne und Kokosraspeln.

Kirschsoße

500 g reife Kirschen
$^1/_8$ l Rotwein
2 cl Kirschwasser
2 TL Honig

- Kochen Sie die entsteinten Kirschen kurz in Rotwein auf.
- Dann pürieren Sie sie im Mixer und streichen sie durch ein Sieb.
- Zuletzt schmecken Sie mit Honig und Kirschwasser ab.

Herzkirschen-Küchlein

- Mehl mit Eigelb, Milch, Amaretto, Crème fraîche, Zucker und Salz zu einem glatten Teig verrühren und 30 Minuten ruhen lassen.
- Die Herzkirschen entsteinen, das Eiweiß zu steifem Schnee schlagen und vorsichtig unter den Teig heben.
- Dann erhitzen Sie einen Eßlöffel Öl in einer Pfanne, gießen $^{1}/_{4}$ des Teiges hinein und verteilen $^{1}/_{4}$ der Kirschen darauf.
- Backen Sie die Küchlein bei mäßiger Hitze, wenden Sie sie einmal um.
- Insgesamt backen Sie so vier Pfannkuchen, die kurz vor dem Servieren mit Puderzucker und Mandelblättchen bestreut werden.

500 g Kirschen
350 g Mehl
$^{1}/_{8}$ l Milch
4 Eier
3 EL Crème fraîche
2 cl Amaretto
4 EL Öl
10 g brauner Zucker
50 g Mandelblättchen
2 EL Puderzucker
etwas Salz

Linde

Botanik, Geschichte, Kultur

Während die Linde in Parks, Alleen oder Gartenanlagen noch relativ häufig vorkommt, ist sie in den Wäldern immer seltener anzutreffen. Botanisch unterscheidet man zwischen der Sommerlinde *(Tilia platyphyllos)* und der Winterlinde *(Tilia cordata);* für Heilzwecke sind beide gleich gut geeignet.

Die Winterlinde wird etwa 20 Meter hoch, kann aber an günstigen Standorten mit optimalen Bodenbedingungen 25 m Höhe und darüber erreichen. Sie hat einen relativ kurzen Stamm, eine weit ausladende, dicht belaubte und wohlgeformte Krone.

Ihre Blätter sind kleiner und beidseitig kahl; an der Unterseite wirkt die Blattfarbe blaugrün.

Sommer- und Winterlinde sind für Heilzwecke gleich gut geeignet.

Die Winterlinde blüht etwa mit zwei bis drei Wochen Verzögerung nach der Sommerlinde. So können wir uns von dem wundervollen Duft der Linden mit ihren grünlich-gelben Blüten einmal im Mai/Juni und noch einmal im Juli betören lassen.

Die Sommerlinde kann mit 40 Meter erheblich höher werden. Ihre Blätter sind beidseitig behaart, zwischen 6 und 10 Zentimeter lang und von hellgrüner Färbung. Ihre wertvollen Blüten, die als Trugdolde wie Büschel an einem Stiel hängen, sind sicher vor Regen unter einem zungenförmigen, goldgelben Deckblatt angeheftet. Im Spätsommer verändert sich dieses zu einem kleinen Propeller, und der Wind wirbelt die Frucht davon.

Die Linde spielt vor allem in der Mythologie der Germanen eine große Rolle. Sie war Freyja geweiht, der Göttin der Liebe, Fruchtbarkeit und des immerwährenden Lebens. Das »Thing«, die Volks- und Gerichtsversammlung, fand unter Linden statt.

Es ist ein schöner alter Brauch, sich eine Linde als Hausbaum anzupflanzen. An manch altem Gehöft ist sie noch heute als mächtiger Wächter vor dem Eingangsportal oder nahe der Hauswand zu sehen.

Manches Dorf hat noch seine viele hundert Jahre alte Gerichtslinde.

In ländlichen Gegenden wurde die Linde oft mitten im Dorf als Baum der Rast und der Besinnlichkeit gepflanzt. Die Dorfbewohner feierten hier ihre Feste und vergnügten sich unter ihrem Blätterdach mit Tanz und Gesang.

Auch wurden unter alten Linden des Königs Befehl verlesen und verkündet. Ebenso hatte die Linde das Privileg, daß unter ihr die Dorf- und Gaugerichte abgehalten wurden. Seinerzeit war es verboten, in geschlossenen Räumen Recht zu sprechen. Wer diesen geheiligten Ort entweihte, wurde hart bestraft; es galt als schwerer Frevel.

Wirkstoffe und Anwendungen

Inhaltsstoffe

- Saponin
- Hesperidin
- Zucker
- Tartrate
- Malate
- Quercitrin
- Astragalin
- Apfel- und Weinsäure
- Vitamin C, P
- Farnesol
- Gerbstoffe

Wirkung

- schweißtreibend
- beruhigend
- stopfend
- desinfizierend
- cholesterinsenkend
- abwehrstärkend
- schmerzstillend

Anwendung bei

- Erkältungskrankheiten
- Grippe
- Verdauungsstörungen
- Kopfschmerzen
- Nervosität

Aus der **Lindenblüte l**äßt sich ein wunderbarer **Haustee** herstellen, der allen Familienmitgliedern schmeckt und sich auch mit anderen Kräutern mischen läßt. Heben Sie die einzelnen Kräuter separat auf und mischen Sie erst im Bedarfsfall.

Tip

Bewahren Sie die zarten Lindenblüten – wie alle selbstgesammelten Blüten, Blätter u.a. – in einem gut verschlossenen Gefäß, am besten in einem dunklen Glas, auf.

Lindenblütentee ist zu allen Jahreszeiten ein schmackhaftes Getränk, und man muß nicht unbedingt krank sein, um ihn genießen zu können.

Im Winter trinken Sie ihn heiß, vielleicht mit etwas Honig gesüßt; im Sommer, mit ein paar Pfefferminzblättern versehen, schmeckt er auch kalt und erfrischt angenehm.

Als Heilmittel bei Erkältungskrankheiten und den damit oftmals verbundenen Kopfschmerzen oder Kreislaufstörungen ist der Tee wegen seiner beruhigenden und krampflösenden Eigenschaften sehr willkommen. Außerdem stärkt er die Widerstandskräfte des Körpers und kann somit auch zur Vorbeugung getrunken werden.

Tip

Wenn Sie so richtig ins »Schwitzen« kommen möchten, wie es bei einer Erkältung angezeigt ist, verdoppeln Sie die angegebene Menge oder mischen Sie noch schweißtreibende Holunderblüten unter den Tee.

Wenig bekannt ist, daß die Lindenblüten gegen Arteriosklerose wirken. Um den Körper beim Abbau der Cholesterinablagerungen zu unterstützen, werden die Lindenblüten über einen längeren Zeitraum kurmäßig verabreicht. Sie können natürlich auch zur Vorbeuge getrunken werden.

Genießen Sie nach einem schweren Arbeitstag oder bei physischer wie psychischer Erschöpfung ein Bad mit Lindenblüten und lassen Sie die entspannenden, nervenentlastenden Inhaltsstoffe auf sich wirken. Sie werden sehen, wie gut Ihnen das tut. Ein **Lindenblütenbad** kann auch bei hyperaktiven Kindern und bei Babys, die schlecht einschlafen, äußerst beruhigend wirken.

Große Heilkraft wird auch der aus Lindenholz hergestellten **Lindenkohle** zugeschrieben, die in der Volksmedizin bei Wunden, Verbrennungen oder auch als Zahnpulver Verwendung fand.

Heute wird Lindenkohlepulver zur äußerlichen Anwendung bei eiternden, schlecht heilenden Wunden aufgestreut. Innerlich wird sie bei Störungen des Magen-Darm-Traktes, wie Fäulnis- und Gasbildung, Durchfall oder Verstopfungen, angewendet. Sie vermag bis zum 90fachen ihrer eigenen Menge an Giftstoffen und krankheitsauslösenden Keimen zu binden. Nach der Einnahme wird meistens ein Abführmittel eingenommen, damit die Giftstoffe schneller ausgeschieden werden.

Wichtig

Falls Sie derartige Beschwerden haben, sprechen Sie mit ihrem Arzt darüber.

Zu Heilzwecken sammeln Sie von Mai bis Juli die Blüten samt ihrem anhaftenden Hochblatt, am besten, sobald sie aufgeblüht sind, denn der Wirkstoffgehalt ist in den ersten drei Tagen nach dem Aufblühen am höchsten. Zuhause breiten Sie die Blüten zum raschen Trocknen großflächig aus. In der Volksmedizin werden auch die jungen Blätter und die Lindenrinde verwendet.

Volksmedizinische Weisheiten

- Wenn Kranke sich am Rücken wundgelegen haben, sollten geriebene Mohrrüben – mit Lindenkohle vermengt und auf die Wunde aufgetragen – schnell helfen.
- Bei Blutbrechen half man sich, indem 1 Messerspitze Lindenkohle auf einen Eßlöffel Wasser 2 Stunden nach dem Mittagessen und nochmals am Abend eingenommen wurde.
- Ohrenfluß wird gelindert, indem man Hanfsamen in Lindenblütentee aufkochte und das Ohr damit ausspülte.
- Ein Blätteraufguß bewährte sich zum Gurgeln bei Parodontose.
- In Wein gekochte Lindenblätter sollten bei Leibschmerzen getrunken werden; sie galten ebenso als harntreibendes Mittel.
- Die Rinde wurde in Wasser gelegt, bis sie Schleim bildete, und dann auf Brandwunden gestrichen.
- In Essig abgekochte Rinde sollte Geschwüre heilen.
- Junge Lindenblätter oder -blüten wurden Salaten beigemischt, die Blätter auch Spinat zugefügt.

Rezepte

Tee

- Übergießen Sie 2 EL zerkleinerte Lindenblüten mit 1/2 l kochendem Wasser.
- Lassen Sie das ganze 5 bis 10 Minuten ziehen.
- Süßen Sie den Tee nach Geschmack mit Honig und trinken Sie 3- bis 4mal am Tag eine Tasse davon.

Bei bestehender Bronchitis können Sie sich auch eine Mischung (1:1) mit Huflattich oder Holunder herstellen. Bei nervösen Störungen geben Sie Hopfen hinzu, bei Erschöpfung Mistel.

> Soll der Tee schweißtreibend wirken, wie es bei Fieber angezeigt ist, nehmen Sie 2 bis 3 TL Blüten auf eine Tasse.

Tip

Inhalation

- Übergießen Sie 150 g Lindenblüten mit kochendem Wasser.

Die Dämpfe wirken hervorragend bei Verschleimung der Lunge, bei Kehlkopfentzündungen oder bei belegter Stimme. Am besten beginnen Sie mit der Inhalation bei den ersten Anzeichen einer Erkrankung.

Nerventee

- Vermengen Sie 40 g gemahlene Mandeln und etwas Honig mit $^1/_2$ l Lindenblütentee.

Dieser Tee stärkt bei Überbeanspruchung und allgemeiner Nervenschwäche.

Lindenblütenbad

- Kochen Sie 300 bis 500 g Lindenblüten in 4 l Wasser auf.
- Lassen Sie das Ganze 30 Minuten ziehen, dann seihen Sie ab und fügen die Flüssigkeit dem Badewasser zu.

> Für ein Säuglingsbad nehmen Sie weniger Blüten und lassen es nur 10 Minuten ziehen. Das Bad sollte nicht länger als 10 bis 15 Minuten dauern.

Tip

Nervöse Störungen können mit diesen entspannungsfördenden Zusätzen ausbalanciert werden. Bei körperlicher und geistiger Überanstrengung wirkt so ein Lindenblütenbad ebenfalls wahre Wunder. Sie können auch den Aufguß mitsamt den Blüten ins Badewasser geben und sich anschließend mit den Blüten abreiben. Danach sollten Sie sich eine Zeitlang Ruhe gönnen.

Lindenblütenwein

- Kochen Sie 1 EL Lindenblüten mit 1 l Weißwein kurz auf.
- Lassen Sie das Ganze abkühlen und filtern Sie dann ab.

Ein bis zwei Schnapsgläschen am Tag werden bei Eisenmangel empfohlen.

Holzkohle

Verrühren Sie 1 bis 2 El Holzkohle in 1 Glas Wasser oder Milch und nehmen Sie es ein.

Die Holzkohle hilft bei akuten Vergiftungserscheinungen, Gärprozessen im Magen sowie allen entzündlichen Darmerkrankungen. Die Kohle kann auch auf eiternde Wunden gestreut werden, da sie Giftstoffe bindet und dadurch den Heilungsprozeß beschleunigt. Nach zehn Minuten wird sie wieder abgewaschen.

Tip

> Nach alten Rezepten wurde Holzkohle mit etwas Olivenöl angerührt und bei Brandwunden aufgetragen.

Zahnpflege

- Vermengen Sie Lindenkohle mit etwas Salbeipulver.

Dieses Mittel hilft gegen Mundgeruch und pflegt das Zahnfleisch.

Absud

- Kochen Sie 50 g Lindenblätter und Rinde in 1 l Wasser, anschließend sieben Sie ab.

Wenden Sie den Absud bei Verbrennungen und bei eiternden oder entzündeten Wunden an.

Teemischung

1 TL Lindenblüten
1 TL Majoran
1 TL Melissenblätter

- Übergießen Sie alle Zutaten mit einer großen Tasse kochendem Wasser.
- Lassen Sie das Ganze 10 Minuten ziehen.

Dieser Tee ist hervorragend geeignet, um nach einem späten Abendessen Schlafstörungen vorzubeugen. Trinken Sie nach der Mahlzeit eine Tasse von diesem Tee.

Haarkur

- Übergießen Sie 20 g Lindenblüten mit $^1/_2$ l warmem Wasser. Lassen Sie die Blüten 30 Minuten ziehen.
- Nehmen Sie 4 EL davon und verrühren Sie sie mit 1 Eigelb.

Trockenes Haar bekommt wieder Glanz mit dieser einfach herzustellenden Kur. Lassen Sie die Mischung dreißig Minuten wirken, schäumen Sie sie dann mit warmem Wasser auf und waschen wie gewohnt noch einmal aus.

Die restliche Mischung können Sie noch einmal verwenden oder Sie spülen zum Abschluß Ihr Haar damit.

Haarkur/Variante

- Kochen Sie 1 EL Lindenblüten mit 1,25 l Wasser auf und lassen Sie 10 Minuten zugedeckt sieden.
- Anschließend sollte es noch zwei Stunden stehen.
- Dann pressen Sie 4 Zitronen aus, gießen den Saft dazu.
- Füllen Sie die Flüssigkeit in Flaschen ab und lassen Sie sie zwei Tage stehen.

Ab dem zweiten Tag können Sie jeweils $^1/_4$ Liter zum Haarespülen verwendet. Bei sehr fettigem Haar können Sie jeden Abend einen Eßlöffel voll in die Kopfhaut einmassieren.

Fußpflege

- Erhitzen Sie 1 Handvoll Lindenblüten kurz mit $^1/_4$ l Speiseöl.
- Lassen Sie das Ganze 24 Stunden ziehen, dann seihen Sie ab.

Mit diesem wirkstoffhaltigen Öl reiben Sie Ihre Füße ein; bei empfindlicher, gereizter Haut kann es auch als Körperöl verwendet werden.

Kindertee

10 g Lindenblüten
10 g Kamille
10 g Melissenblätter
30 g Hagebutten

- Mischen Sie die Lindenblüten mit der Kamille, den Melissenblättern und den Hagebutten.
- Überbrühen Sie 2 TL der Mischung mit 1/4 l kochendem Wasser.
- Lassen Sie das Ganze 15 Minuten ziehen, dann filtern Sie ab.

Fieberkranke Kinder können diesen leckeren Tee schluckweise über den Tag verteilt trinken. Aber auch als Durstlöscher, vielleicht mit etwas Honig gesüßt, ist er gut geeignet.

Lindenblütenlikör

1 l 60%iger Alkohol
40 g Lindenblüten und -blätter
40 g Kamillenblüten
40 g Orangenblüten
40 g Melissenblätter
350 g Zucker
500 ml Wasser

- Geben Sie die Lindenblüten und -blätter, die Kamillenblüten, die Orangenblüten und die Melissenblätter in den Alkohol und lassen Sie diese Mischung eine Woche ziehen.
- Dann gut ausdrücken und sorgfältig filtern.
- Aus Zucker und Wasser bereiten Sie einen Sirup, den Sie im Anschluß daran hinzufügen.
- Jetzt sollte der Likör noch 12 Monate reifen.
- Trinken Sie 1 Likörglas nach den Mahlzeiten bei Verdauungsbeschwerden aller Art, bei innerer Unruhe oder bei Erschöpfung.

Pappel

Botanik, Geschichte, Kultur

Die zu Heilzwecken verwendete Schwarzpappel *(Populus nigra)* wird bis zu 35 Meter hoch und kommt bei uns sehr häufig vor. Es gibt noch etwa 30 weitere Arten, die von Europa über Asien bis nach Nordamerika verbreitet sind und alle zur Familie der Weidengewächse (Salicaceae) gehören.

Die Pappel liebt gut durchfeuchtete Standorte wie Flußauen oder Bachläufe. Aber auch auf anderen Böden gedeiht sie gut, und so finden wir sie auch als schmucken Alleebaum, in alten Parkanlagen oder lichten Wäldern. Landwirte pflanzen sie häufig zwischen die Felder. Da sie sehr schnellwüchsig ist, bildet sie schon bald einen guten Windschutz.

Ihr Stamm ist in jungen Jahren glatt, erst bei älteren Bäumen wird die Rinde rauh und bekommt senkrecht verlaufende Risse. Sehr alte Bäume können in Bodennähe durchaus einen Umfang von drei Metern erreichen.

Wildwachsende Pappeln vermehren sich durch Samen. Wie alle Weidengewächse können sie an abgeschnittenen und in den Boden gesteckten Zweigen Wurzeln ausbilden.

Ihre Blätter sind am Rand glatt und sehen wie Herzen aus, nur daß sie vorne spitz zulaufen. Mitunter variieren die Formen und Größen an ein und demselben Baum. Da ihre Blattstiele sehr biegsam und lang sind, rascheln und zittern sie schon beim leisesten Windhauch. Wenn viele Bäume in einer Gruppe zusammenstehen, klingt es fast wie Meeresrauschen. Am prägnantesten ist es bei der Espe oder Zitterpappel *(Populus tremula)* zu hören, was der Volksmund in der Redewendung verewigt hat: »Er zittert wie Espenlaub.«

Zeitig im Frühjahr, im März/April, entwickeln die Pappeln ihre männlichen und weiblichen Blütenstände, die in hängenden Kätzchen angeordnet sind. Da die Pappel zweihäusig ist, trägt jeder Baum entweder nur männliche oder nur weibliche Blüten. Jede männliche Blüte besteht aus vielen Staubblättern, die von einer Schuppe teilweise bedeckt werden. Die weiblichen Blüten haben einen einzigen Fruchtknoten mit vier Narben.

Nach der Befruchtung entwickeln sie sich zu einer kleinen Kapsel, die sich öffnet, wenn der Samen reif ist. Das sieht dann aus wie baumwollähnliche Fusseln, auch Pappelwolle genannt. Zum Bedauern mancher Allergiker werden diese weißen Flöckchen dann im Mai vom Wind davongetragen.

In der Volksmedizin werden die Pappelknospen, die Kätzchen und die Holzkohle am häufigsten verwendet.

Volksmedizinische Weisheiten

- Menschen, die Harn nicht halten können, sollten den Blättertee der Zitterpappel trinken – dreimal am Tag je eine Tasse.
- Ohrenschmerzen linderte man, indem tröpfchenweise Pappelblättersaft in das Ohr geträufelt wurde.
- Verbrennungen bestrich man mit dem Sud von in Wasser eingeweichter mittlerer Pappelrinde.
- Eine Pappelgerte in der Hand schützte vor müden Füßen. Das können Sie bei Ihrer nächsten Wanderung ja einmal ausprobieren.
- Junge Pappelknospen können Sie gemischten Salaten zufügen. Selbst die innere Rinde kann gedünstet und verspeist werden.
- Aus der Rinde kann ein gelber Farbstoff gewonnen werden, mit dem sich Leinen gut einfärben läßt.

Bachblüten

Die Zitterpappel (»Aspen«) zeigt schon mit ihrem Namen, um was für innere Konflikte es sich handelt. Symbolisch steht sie im Zeichen des Schmerzes und der Klage.

Hierbei geht es um die irrationale Angst, um immer vom Schlimmsten ausgehende Vorahnungen und Befürchtungen. Hinter jedem Geschehen vermuten die Menschen Beängstigendes und Unheilvolles. Sie spüren deutlich, daß bald etwas Schreckliches geschieht oder einfach geschehen muß. Manchmal geht es soweit, daß sie unter paranoiden Zwangsvorstellungen leiden und regelrecht wie besessen von ihren Wahrnehmungen sind.

Die Betroffenen, die unter solchen Symptomen leiden, quält eine tiefgreifende, bedrohliche, unerklärbare Furcht. Es sind äußerst sensible Menschen, denen die Essenz der Pappel sehr hilfreich sein kann. Dadurch gewinnen sie mehr Vertrauen in das Unbekannte und in das vorhandene Gute und können ihren Lebensmut stabilisieren.

Wirkstoffe und Anwendungen

Inhaltsstoffe

- Spurenelemente
- Säuren
- ätherisches Öl
- Harze
- Eisen
- Kalzium
- Salicylglykoside
- Gerbstoff
- Chrysin

Wirkung

- heilend
- auswurffördernd
- desinfizierend
- harnsäurelösend
- entzündungshemmend

Anwendung bei

- Bronchitis
- Gliederschmerzen
- Blasenentzündung
- Durchfall
- Verbrennungen
- Sodbrennen
- Bettnässen
- Hämorrhoiden
- Prostataleiden
- Rekonvaleszenz

Über die Heilanwendungen der Pappel ist im Laufe der Jahre vieles verlorengegangen. Bereits die hl. Hildegard von Bingen schrieb über ihre Heilkräfte. Sie führte an, daß jede andere Salbe, die mit Pappelsaft angereichert würde, erheblich an Heilkraft zunähme.

Aus den **Knospen** der Pappel läßt sich eine Salbe herstellen, die desinfizierende, kühlende Eigenschaften aufweist. Sie wird auf schmerzende Glieder, insbesondere bei Schmerzen im unteren Rückenbereich, oder bei Entzündungen, Verbrennungen und Hämorrhoiden aufgetragen.

Die Pappelknospen werden vorzugsweise im März/April gesammelt, solange sie noch geschlossen sind und bevor das klebrige, balsamisch duftende und leicht bitter schmeckende Harz austritt. Der daraus zubereitete **Tee** findet Verwendung bei Rheuma, Gicht, Prostataerkrankungen, Appetitlosigkeit oder Debilität.

Früheren Schriften zufolge galt die Anwendung der Pappel generell allen Erkrankungen des Urogenitalsystems. Beschwerden wie Gebärmutter-, Nieren-, Blasen- oder Harnleiterentzündungen sowie Wurmerkrankungen und Weißfluß wurden damit behandelt.

Aus den **Pappelkätzchen** können Sie sich auf einfache Weise einen Wein herstellen, der bei Bronchitis, Blasenkatarrh, Bettnässen und auch bei Erschöpfung gute Dienste leistet.

Wie die Lindenkohle nimmt auch die aus dem Holz gebrannte **Pappelkohle** Giftstoffe aus dem Darm auf. In Wasser gelöst wird sie bei Durchfall, Blähungen oder erhöhter Magensäure und dadurch verursachtem Sodbrennen eingenommen.

Pappelkohle oder Pappelsalbe (Populi Unguentum) erhalten Sie in der Apotheke.

Tip

Rezepte

Pappeltee

- Kochen Sie 30 g Pappelkätzchen mit 1/4 l Wasser etwa 3 Minuten.
- Lassen Sie den Tee 10 Minuten ziehen, dann filtern Sie ab.

Zur Rekonvaleszenz können Sie den Tee kurmäßig über den Tag verteilt trinken. Des weiteren hilft er bei Blasenentzündungen, Magen- und Darmbeschwerden oder Bettnässen.

Pappelknospenspiritus

- Geben Sie 200 g frische zerdrückte Pappelknospen in 0,7 l Korn.
- Lassen Sie den Ansatz 1 Woche ziehen, dann filtern Sie ab.

Wenden Sie den Spiritus **innerlich** bei Blasenerkrankungen und eitrigem Auswurf, **äußerlich** als Umschlag bei Verstauchungen und Schürfwunden an.

Pappelknospensalbe

100 g Pappelknospen
250 ml Olivenöl
45 g Bienenwachs

- Zerdrücken Sie die Pappelknospen und schütten Sie sie mit dem Olivenöl in ein weithalsiges Glas. Die Knospen müssen vom Öl ganz bedeckt sein, sonst besteht die Gefahr, daß sie schimmeln.
- Stellen Sie das Glas warm und lassen Sie es bei gelegentlichem Schütteln ca. 2 Wochen stehen.
- Anschließend erwärmen Sie die Mischung (nicht kochen!) 15 Minuten lang und sieben ab.
- Jetzt fügen Sie das Bienenwachs hinzu und lassen es langsam schmelzen (nicht überhitzen).

- Zum Schluß füllen Sie in kleine Salbentöpfchen um, die Sie kühl lagern.

Diese Salbe ist bei Gliederschmerzen, Muskelschmerzen, rheumatischen Beschwerden, Gicht, Hämorrhoiden oder Verbrennungen hilfreich.

Pappelknospensalbe (für größeren Bedarf)

100 g Pappelknospen (evtl. auch etwas Pappelrinde)
500 ml Olivenöl (oder Sonnenblumenöl)
70 g Bienenwachs

- Geben Sie die Knospen, das Öl und das Bienenwachs in ein Wasserbad.
- Erhitzen Sie das Ganze so lange, bis sich das Wachs in dem Öl aufgelöst hat.
- Nun reduzieren Sie die Temperatur, so daß die Fettphase ganz leicht weitersiedet (etwa 15 Minuten).
- Jetzt können Sie die Herdplatte ausschalten, die Salbenzutaten bleiben wie sie sind auf der Platte stehen.
- Nach 4 bis 5 Stunden sind die Knospen ausgezogen und die Wirkstoffe in den Fettanteil übergegangen.
- Vor dem Abfüllen in Salbentöpfchen erwärmen Sie die Substanzen noch einmal und gießen sie durch ein Sieb in die Töpfchen ein.

Diese Salbe ist ebenfalls bei Gliederschmerzen, Muskelschmerzen, rheumatischen Beschwerden, Gicht, Hämorrhoiden oder Verbrennungen anzuwenden.

Pappelknospencreme

100 g Pappelknospen
300 g Wasser
200 g Schweinefett
100 g Rindermark
100 g Bienenwachs
etwas Kokosfett (oder Olivenöl)

- Geben Sie die Knospen in das Wasser und kochen Sie es zusammen mit dem Schweinefett 3 Stunden, bis das Wasser verdampft ist.
- Dann fügen Sie das Rindermark, das Bienenwachs und das Kokosfett hinzu und erhitzen das Ganze vorsichtig, bis die Fettanteile geschmolzen sind (nicht überhitzen!).
- Nun alles gut verrühren und durchsieben.
- Falls die Creme zu fest geworden ist, erwärmen Sie alles wieder und regulieren die Konsistenz unter Zugabe von etwas Olivenöl.

Die Creme findet Verwendung bei trockener, entzündeter Haut, Flechten, Ekzemen oder Gliederschmerzen.

Pappelknospentee

- Überbrühen Sie 2 TL Pappelknospen mit einer Tasse Wasser.
- Lassen Sie den Tee 10 Minuten ziehen.

Der Tee fördert die Ausscheidung von Harnsäure und wirkt Entzündungen entgegen. Er ist daher vor allem bei Rheuma, Blasen- und Nierenleiden sowie Gicht gut geeignet. Bei Bedarf trinken Sie von dem Tee 2 Tassen täglich.

Pappelwein

- Setzen Sie 70 g abgerebelte Pappelkätzchen in 0,7 l süßem Wein an, so daß sie vollkommen bedeckt sind.
- Lassen Sie den Ansatz 1 Woche ziehen, anschließend filtern Sie durch und drücken die Kätzchen gut aus.
- Bewahren Sie den fertigen Wein am besten im Kühlschrank auf.

Von diesem Medizinalwein trinken Sie vor dem Mittag- und Abendessen jeweils ein Likörgläschen. Er hilft bei Bronchitis und stärkt den Organismus nach langer Krankheit oder bei Erschöpfung.

Schlehe

Botanik, Geschichte, Kultur

Die Schlehe *(Prunus spinosa L.)*, auch Schlehdorn oder Schwarzdorn genannt, ist ein dicht verzweigter, bis zu vier Meter heranwachsender Strauch, der zur Familie der Rosengewächse (Rosaceae) zählt. Sie ist in ganz Europa, vor allem in den Mittelmeerländern, bis nach Vorderasien und Nordafrika verbreitet.

Der Schlehdorn liebt kalkhaltige Böden, ist ansonsten aber recht anspruchslos. Selbst mit kargen, unfruchtbaren und steinigen Lagen nimmt er vorlieb und verträgt Sonne wie Kälte gleichermaßen. An Feldwegen, Waldrändern oder Böschungen hat er seine bevorzugten Standorte.

Schon im März/April entfaltet er als einer der ersten Frühlingsblüher seine Blüten, noch bevor die Blätter erscheinen. Dann ist er dicht mit winzigen, leicht nach Honig und Mandeln duftenden Blüten bedeckt.

Tip

- Sammeln Sie die Blüten im März/April und merken Sie sich die Fundstelle zum Ernten der Beeren, die erst im Spätherbst reifen.
- Gehen Sie mit den hauchfeinen Blüten beim Trocknen sehr behutsam um. Sie vertragen keinesfalls direkte Sonne und sind so zart, daß Sie sie besser nicht umwenden, sondern einfach locker auf Tüchern oder einem mit Fliegennetz bespannten Gestell ausbreiten.

Die Blätter des Schlehdorn sind lanzettförmig und am Rand gezähnt. Auffällig sind seine zahlreichen langen und gefährlich spitzen Dornen.

Die Früchte der Schlehe, anfangs noch grün und etwa doppelt so groß wie eine Erbse, entwickeln sich im Reifezustand zu einer dunkelblauen, mit einer Reifschicht überzogenen, kugeligen Steinfrucht.

Früher hat man die Früchte mit Alaunpulver und Eisenvitriol zur Herstellung von Tinte genutzt. Um neuen Apfelwein vor dem Zähwerden zu bewahren oder um den Klärungsprozeß zu fördern, wurden einige Hände voll Schlehen hineingegeben.

Für die Ernte der Beeren wartet man den ersten Frost ab, dann hat die Kälte die in den Früchten enthaltene Stärke in Zucker umgewandelt. Vorher sind die Früchte sehr herb, noch arg sauer im Geschmack und kaum genießbar. Wer es gar nicht abwarten kann, legt die Früchte vor dem Verarbeiten eine Nacht in das Gefrierfach des Kühlschranks.

Warten Sie den ersten Frost ab, bevor Sie Schlehen ernten.

Trocknen können die Beeren anfangs auch in der Sonne; anschließend werden sie im Backofen bei einem Spaltbreit geöffneter Backofentür nachgetrocknet.

Wirkstoffe und Anwendungen

Inhaltsstoffe

- Flavonglykosid
- Rutin
- Hyperosid
- Gerbstoffe
- Nitrilglykosid
- Amygdalin
- Pektin
- Cumarinderivate
- Vitamin C
- Fruchtzucker

Wirkung

- harntreibend
- blutreinigend
- entschlackend
- kräftigend
- aktivierend
- leicht abführend

Anwendung bei

- Magen-Darm-Katarrh
- Nieren-Blasen-Leiden
- Verstopfung
- Rekonvaleszenz
- Herz-Kreislauf-Erkrankungen
- Appetitlosigkeit
- Entschlackung

Zur Heilanwendung werden die Blätter, Blüten, die verarbeiteten Beeren und manchmal auch die Rinde der Schlehe verabreicht. Schlehenzubereitungen steigern die Leistungsfähigkeit und regen den Stoffwechsel an. Besonders als Saft, Mus oder zu Sirup verarbeitet und kurmäßig eingenommen, kräftigen sie den gesamten Organismus, fördern bei schweren Krankheiten die Lebenskraft und tragen zu einem reineren Hautbild bei.

Schlehensäfte, frisch gepreßt, können auch zur Mundspülung bei Zahnfleischbluten oder -entzündungen verwendet werden.

Durch die Trinkkur mit **Schlehenblütentee** verbessert sich die Harnausscheidung, und es werden vermehrt Stoffwechselschlacken aus dem Körper geleitet; auch die Herz-Kreislauf-Funktion wird aktiviert.

Die in den Blättern und Früchten enthaltenen Gerbstoffe üben eine reizlindernde und adstringierende Wirkung auf die Schleimhäute aus, so daß entzündliche Prozesse schneller heilen. Bei hartnäckiger schmerzhafter Stuhlverstopfung sowie Magen-Darm-Katarrhen wird Schlehenzubereitung als Abkochung aus der Rinde oder als Blätteraufguß erfolgversprechend angewendet.

Volksmedizinische Weisheiten

- Nierenleiden wurden durch den Absud aus Hagebuttenschalen, Schlehen und Haferstroh, jeweils zu gleichen Teilen, gelindert.
- In der Volksmedizin wurden Schlehen bei Durchfallerkrankungen eingesetzt; hierfür kochte man sie mit Stiel in einem Teil Wein und zwei Teilen Honig ab.
- Der Schlehensaft wirkt kühlend. Man bestrich damit entzündete oder geschwollene Augen oder entzündete Glieder.
- Getrocknete, zu Pulver zerstoßene Schlehenblüten wurden mit warmem Weißwein übergossen und als Trank bei Steinleiden verabreicht.

Rezepte

Schlehenblütentee

- Überbrühen Sie 3 g Blüten mit 1 Tasse kochendem Wasser und lassen Sie den Tee etwas ziehen.

Dieser Blütenaufguß verstärkt die Harnausscheidung und regt den Stoffwechsel an. Trinken Sie davon bis zu drei Tassen täglich.

Schlehenblätteraufguß

- Kochen Sie 1 EL getrocknete Blätter mit 1 Tasse Wasser kurz auf.
- Lassen Sie das Ganze 5 bis 10 Minuten ziehen.

Dieser Blättertee ist vor allem bei Nieren- und Blasenerkrankungen anzuwenden, hilft aber auch bei Magen-Darm-Katarrh. Trinken Sie dreimal täglich eine Tasse davon.

Abkochung

- Setzen Sie 10 g Wurzelrinde einige Stunden in $^1/_4$ l Wasser an.
- Dann kochen Sie das Ganze auf und lassen den Sud noch 10 Minuten ziehen.

Dieses Mittel in kleinen Schlucken getrunken – dient zur Behandlung von Stuhlverstopfung, Magen-Darm-Erkrankungen und Blasenentzündungen.

Schlehenlikör

- 250 g getrocknete Schlehen
- 100 g Rosinen
- 1 l Obstschnaps
- 500 g Zucker
- $^1/_2$ l Wasser

- Wässern Sie die Schlehen und die Rosinen einige Stunden.
- Anschließend lassen Sie sie gut abtropfen und befreien die Beeren von den Kernen. Am besten geht es mit der Hexalotte oder einem Passierstab.
- Die Kerne werden separat zerdrückt, und ihr Saft wird dem Beerenbrei zugefügt.
- Das Ganze wird mit dem Obstschnaps aufgefüllt und zwanzig Tage stehen gelassen.
- Danach filtern Sie alles und geben den abgekühlten Sirup dazu, den Sie aus dem Zucker und dem Wasser eingekocht haben.

Der Schlehenlikör wird als mildes Abführmittel bei Stuhlverstopfung empfohlen.

Schlehenlikör

- 600 g Schlehen
- 250 g Kandis oder Zucker
- 1 Vanillestange
- 1 l Korn

- Übergießen Sie die Schlehen, den Zucker und die Vanillestange mit dem Schnaps und lassen Sie das Ganze 45 Tage ziehen.

Dieser Likör hilft – in Maßen getrunken – bei Verdauungsbeschwerden jeder Art.

Schlehenlikör

500 g zerdrückte Schlehen
1 l 70%iger Alkohol
1/2 l Wasser
500 g Zucker
300 ml Wasser

- Übergießen Sie die Schlehen mit dem Alkohol und lassen Sie sie 20 Tage stehen.
- Anschließend sieben Sie gut durch und drücken das Fruchtfleisch gut aus.
- Geben Sie das Mus wieder in ein Gefäß, bedecken Sie es mit 1/2 l Wasser und lassen Sie das ganze eine Woche ziehen.
- Im Anschluß daran kochen Sie den Zucker mit 300 ml Wasser zu Sirup ein, den Sie auskühlen lassen und mit dem Likör vermengen.
- Am folgenden Tag filtern Sie ab und stellen den Likör wieder für einige Wochen beiseite, wobei sie zwischendurch immer mal wieder schütteln.

Dieses alte Hausrezept ist zwar mit Geduld und einigem Arbeitsaufwand verbunden, schmeckt aber dafür ganz ausgezeichnet. Der Likör wird bei Verstopfung angewendet, aber auch zur Rekonvaleszenz und allgemeiner Leistungsschwäche wird er empfohlen. Jeweils ein halbes Likörglas nach dem Essen genügt.

Schlehensirup

2 kg Schlehen
750 g Zucker
1 Msp Nelkenpulver
1 TL Zimt

- Geben Sie die Schlehen in einen Topf und begießen Sie sie mit soviel Wasser, daß sie gut bedeckt sind.
- Lassen Sie die Früchte einen Tag stehen, am folgenden Tag wird die Flüssigkeit abgegossen und verwahrt.
- Den Rest kochen Sie einmal auf und gießen dann den zurückbehaltenen Saft wieder dazu.
- Diesen Vorgang wiederholen Sie an den nächsten zwei Tagen.
- Nun wird alles durch ein Mulltuch gefiltert. Am Besten läßt man es über Nacht durchlaufen.
- Nach dem Filtern geben Sie den Zucker, das Nelkenpulver und den Zimt hinzu und kochen erneut auf, bis der Zucker vollständig gelöst ist.
- Füllen Sie den Sirup sofort in vorbereitete Flaschen, die Sie gut verschließen.

Schlehensirup schmeckt hervorragend zu Puddings, Grießbrei oder Eis. Da Sie meistens nur kleine Mengen verbrauchen, ist es ratsam, den Sirup in kleine Flaschen abzufüllen und dafür öfters eine frische Flasche aufzumachen.

Tip

> Mit Mineralwasser oder mit Sekt gemischt, ergibt der Sirup ein köstliches Mixgetränk. An naßkalten Wintertagen können Sie auch Ihrem Glühwein einen Schuß Schlehensirup hinzufügen.

Schlehen-Apfel-Marmelade

600 g Schlehen
400 g Äpfel oder Apfelmus
1 kg Gelierzucker

- Bedecken Sie die Schlehen mit Wasser, kochen Sie sie weich und passieren Sie sie durch ein Sieb.
- Anschließend vermengen Sie die Schlehen mit den Äpfeln, geben den Gelierzucker hinzu und kochen das Ganze 4 Minuten auf.

Tip

> Sie können das Rezept nach Geschmack variieren, indem Sie anstelle der Äpfel z.B. Birnen, Brombeeren oder Kürbis verwenden.

Schlehengelee

- Kochen Sie einen $^3/_4$ l Schlehensaft mit 1 kg Gelierzucker auf.
- Sie können den Schlehensaft auch mit anderen Fruchtsäften mischen. Dann nehmen Sie etwa $^1/_2$ l Schlehensaft und ergänzen mit $^1/_4$ l Fruchtsaft Ihrer Wahl.

Für kleine Mengen: Kochen Sie die Schlehen mit Wasser auf und lassen Sie den Saft durch ein Mulltuch ablaufen.
Für große Mengen: Hier ist ein Dampfentsafter am geeignetsten.

Wacholder

Botanik, Geschichte, Kultur

Wacholder *(Juniperus communis L.)*, mundartlich auch als Kranewitt oder Krammetsbaum bezeichnet, ist ein recht anspruchloses, immergrünes Gewächs. Auf sandigen Böden und in einer Umgebung, wo er sich frei entfalten kann, entwickelt er sich zu einem schlanken, kompakten, bis zu 10 m hohen Baum oder Strauch. Es gibt eine Fülle von Sorten in allen Formen, Größen und Variationen.

Seine nadelartigen, grau-grün gefärbten Blätter sind 1 bis 2 Zentimeter lang, sehr steif und spitz. Die einzelnen Nadeln werden etwa 3 bis 4 Jahre alt, dann fallen sie ab, und neue Nadeln sprießen.

Die weiblichen Wacholderblüten bestehen aus winzigen, grünlichen, kleinen Zapfen, die in Quirlen an den stark verästelten Zweigen angeordnet sind. Männliche Blüten sehen wie kleine Kätzchen aus und wachsen auf getrennten Pflanzen, da der Wacholder zweihäusig ist. Aus den Fruchtkätzchen entwickeln sich die sogenannten Scheinbeeren, die wir als Wacholderbeeren kennen. Wacholderbeeren benötigen viel Zeit bis zu ihrer Reife. Im zweiten Jahr sind sie noch grün und erst im dritten Jahr entwickeln sie sich zu schwarzen, blaubereiften Beeren. Daher findet man am Wacholder gleichzeitig Blüten, grüne und blauschwarze Beeren.

Wacholderbeeren reifen erst im 3. Jahr heran.

Jeder kennt den aromatischen Geschmack, den die kleinen Beeren Fleischgerichten oder Sauerkraut verleihen. Sie verfeinern aber nicht nur die Gerichte, sondern wirken auch regulierend auf die Magenfunktion, was die Speisen bekömmlicher und leichter verdaulich macht. Bekannt ist in diesem Zusammenhang auch die appetitanregende und magenstärkende Wirkung mancher Wacholderschnäpse, wie Genever oder Steinhäger. Wacholderholz ist in der Volksmedizin als Mittel gegen Rheuma und Gicht gebräuchlich. Seine grünen Zweige finden Verwendung zum Räuchern von Wurst- und Fleischwaren.

Junge Triebe sprießen während der Blütezeit von April bis Juni. Beeren können das ganze Jahr über gesammelt werden. Die Hauptreifezeit ist zwischen September und Oktober. Versuchen Sie es mit Tüchern, die Sie unter dem Baum ausbreiten und auf die Sie die Beeren abklopfen. Auf jeden Fall die Handschuhe nicht vergessen!

Vorsicht

Wacholder steht unter Naturschutz. Brechen Sie bitte keine Zweige ab, sondern kaufen Sie sich die Produkte, die Sie benötigen, in der Apotheke oder im Reformhaus.

Ob in Sagen, Märchen, Liedern, der Wacholder galt in früheren Zeiten als rätselhaftes und geheimnisvolles Gewächs. Sicherlich haben seine Gestalt, die im Dämmerlicht fast menschliche Formen aufweist, und sein eigentümlicher Geruch zu vielen mystischen Spekulationen beigetragen.

Schon im Mittelalter, als Pestepidemien viele Menschen dahinrafften, wurden seine desinfizierenden und reinigenden Eigenschaften genutzt: Man legte Zweige auf glühende Kohlen und versuchte mit dieser Räucherung, die Verbreitung der Krankheit einzugrenzen.

Im Volksglauben hatte der Wacholder magische Kräfte. Sein Rauchwerk vertrieb nicht nur wilde Tiere und ansteckende Krankheiten, er war gleichermaßen ein wirksamer Schutz vor Hexen, Zauberern und anderen dämonischen Mächten.

Wirkstoffe und Anwendungen

Inhaltsstoffe

- ätherische Öle
- Flavonoide
- Harz
- Ameisen- und Essigsäure
- Kalium
- Kalzium
- Mangan
- Camphen
- Gallotannine
- Gerb- und Bitterstoffe
- Invertzucker
- Vitamin C

Wirkung

- stark harntreibend
- blutreinigend
- durchblutend
- schmerzlindernd
- magenstärkend
- appetitanregend
- desinfizierend
- anregend

Anwendung bei

- Magen-Darm-Erkrankungen
- Wassersucht
- Harnverhalten
- Rheuma
- Gicht
- Hauterkrankungen
- Leber-Galle-Leiden
- Entzündungen
- Durchblutungs-störungen
- Husten

Die heilende Wirkung des Wacholders beruht auf seinem hohen Gehalt an ätherischen Ölen, der 0,2 bis 2 Prozent ausmachen kann, sowie auf seine antiseptischen und keimtötenden Eigenschaften.

Wacholderbeeren haben eine kräftig entwässernde, harntreibende Wirkung. Ihre ätherischen Öle regen den gesamten Stoffwechsel an. Dadurch wird vermehrt Harnsäure ausgeschieden, was insbesondere bei Gicht und rheumatischen Erkrankungen die Gesundung fördert. Der größte Teil der ätherischen Öle wird über die Nieren ausgeschieden und beeinflußt damit direkt das

Nierengewebe. Die Inhaltsstoffe der Beeren aktivieren das Abwehrsystem des Körpers und stärken die Nerven.

Ihre durchblutungsfördernden Substanzen werden auch in Wacholderspiritus angeboten. Sie lindern Gelenkschmerzen bei Rheuma, Gicht oder chronischen Arthrosen. Die verstärkte Durchblutung der Haut, die sich beim Auftragen des Wacholderspiritus durch Wärme bemerkbar macht und mit einer leichten Rötung verbunden ist, wird bei schmerzhaften Gelenken im allgemeinen als sehr wohltuend empfunden.

Für Bäder bereiten Sie sich einen **Absud,** wie er in den Rezepten beschrieben ist. Denken Sie aber an die belebende und anregende Wirkung des Wacholders und baden Sie nicht direkt vor dem Zubettgehen, damit Sie ruhig schlafen können.

Den Absud, den Sie für Bäder herstellen, können Sie ebenso für Umschläge oder Einreibungen bei Hauterkrankungen, Geschwüren oder Flechten anwenden.

Kopfschmerzen, die auch als Symptom aufsteigender Gifte aus dem gestörten Magen-Darm-Geschehen auftreten, lassen sich mit zerkauten oder als **Tee** verabreichten Wacholderbeeren positiv beeinflussen.

Bei schwacher oder schmerzhafter Regelblutung verbessert der **Aufguß** die Durchblutung in den Beckenorganen. In der Volksmedizin werden Inhalationen mit zerdrückten Beeren bei Husten oder anderen Atemwegserkrankungen empfohlen. Durch die keimtötenden Wirkstoffe des ätherischen Öles kann die Ausbreitung der Infektion reduziert werden, und der Heilungsprozeß wird vorangetrieben. Auch gegen Zahnfleischentzündungen und üblen Mundgeruch reicht es in vielen Fällen aus, einfach ein paar Beeren über den Tag verteilt zu zerkauen.

Wacholderöl, das sogenannte Kadeöl, eine Art Teer von rötlichbrauner Farbe und beißendem Geruch, wird auf trockene Ekzeme, entzündete Gelenke oder mit Pilzen infizierte Hautstellen aufgetragen und eingerieben. Es darf **nie unverdünnt** angewendet werden.

Vorsicht

- Die Rezepturen mit Wacholder sollten während der Schwangerschaft oder bei akuten Nierenbeschwerden nicht angewendet werden.
- Auch wenn neueste Erkenntnisse die bisher gültige Meinung über die Nebenwirkungen revidieren, ist es ratsam, nicht ohne ärztliche Rücksprache zu Wacholder zu greifen.
- Die Dauer der Einnahme sollte grundsätzlich 4 bis 6 Wochen nicht überschreiten.

Volksmedizinische Weisheiten

- Kopfschmerzen, die aus rheumatischen Erkrankungen resultieren, wurden mit zerdrückten Wacholderbeeren behandelt. Man übergoß die Beeren mit soviel Weinessig, wie sie aufnehmen konnten, erwärmte kurz und gab sie in ein Tuch, das man sich auf die Stirn legte.
- Wacholderbeeren, mit Wein, Essig und Rosen aufgekocht, dienten zum Gurgeln bei Zahnschmerzen.
- Ausschlag oder Ekzemen der Kopfhaut rückte man mit dem Sud gekochter Wacholderbeeren zu Leibe. Der Sud wurde dreimal täglich in die Kopfhaut eingerieben.
- Bei Magenbeschwerden, die auch noch zu Kopfschmerzen führten, halfen 15 zerstoßene Wacholderbeeren, die morgens nüchtern in einem Glas Wasser eingenommen wurden.

- Als bewährtes Mittel bei Lungenschwindsucht galt die Teezubereitung aus Wacholder, Brennessel, Wegerich und Thymian (zu gleichen Teilen); der Tee wurde mehrmals täglich schluckweise getrunken.

Aromatherapie

In der Aromatherapie findet das aus getrockneten Beeren mittels Wasserdampfdestillation hergestellte Aromaöl Verwendung. Auch hier gilt der Hinweis, Wacholderzubereitungen nicht in der Schwangerschaft anzuwenden.

Zum Desinfizieren und Reinigen der Raumluft, zur Vorbeugung oder bei bestehender Krankheit können sie zusätzlich noch Thymian, Zitrone oder Eukalyptus in die Duftlampe geben. Zu diesem Zweck sollten Sie die Mischung etwas stärker dosieren, etwa 20 Tropfen, je nach Raumgröße.

Durchblutungsfördernd und entgiftend ist eine Mischung aus Wacholder, Rosmarin, Angelika, Zitrone und etwas Kampfer. Zur Massage vermengen Sie die Mischung mit einem Basisöl, für ein Bad mit Sahne oder Honig als Emulgatorersatz. Als Badezusatz sollten Sie Kampfer sehr sparsam dosieren, 2 Tropfen sind ausreichend.

Rezepte

Wacholdertee

- Lassen Sie 20 g zerdrückte Wacholderbeeren in 1 l Wasser aufkochen und weitere 10 bis 15 Minuten ziehen.
- Anschließend seihen Sie ab.
- Je nach Geschmack können Sie den Tee mit Honig süßen.

Trinken Sie davon vor jeder Mahlzeit ein kleines Tässchen. Der Tee fördert die Ausscheidung von Stoffwechselschlacken, wirkt anregend auf den Kreislauf und harntreibend.

Abkochung

- Kochen Sie 1 TL Beeren mit 1 Tasse Wasser kurz auf.

Der Tee ist stark harntreibend und hilft bei Blasenentzündungen, Übelkeit, Wassersucht oder Rheuma.

Inhalation

- Nehmen Sie einige zerdrückte Beeren, evtl. noch einen kleinen Wacholderzweig, und übergießen Sie alles mit kochendheißem Wasser.
- Bei Husten oder Erkältung inhalieren Sie die Dämpfe.

Wacholderbad

- Setzen Sie 150 g Wacholderbeeren mit oder ohne kleingeschnittenen Wacholderzweigen über Nacht in 1 bis 2 l Wasser an.
- Am folgenden Tag kochen Sie vor Gebrauch kurz auf und fügen die Flüssigkeit dem Badewasser zu.

Das Wacholderbad tut wohl bei allen im Text aufgeführten Beschwerden, wie Ischias, Hauterkrankungen, Muskelschmerzen oder Hautpilz.

Wacholderwein

- Kochen Sie 15 bis 25 g Wacholderbeeren und evtl. einen kleinen Zweig in 1 l Weißwein.
- Trinken Sie von diesem appetitanregenden und magenregulierenden Aperitif ein Likörglas vor den Mahlzeiten.

oder

- Lassen Sie 100 leicht zerdrückte Beeren in 1 l Weißwein 48 Stunden ziehen.

Auch dieser Medizinalwein wird als Aperitif oder zur Ausleitung von Harngrieß, bei Nierenleiden, Rheuma oder Gicht getrunken.

oder

- Setzen Sie eine große Handvoll zerdrückter Wacholderbeeren mit einer Flasche Weißwein an und lassen Sie es eine Woche lang stehen.
- Danach alles für 10 Minuten leicht köcheln lassen.
- Dann wieder eine Woche wegstellen und ruhen lassen und erst jetzt abseihen und in gut schließende Flaschen füllen.

Dieser Medizinalwein wird wie die vorherigen angewendet und zur allgemeinen Stärkung, bei Mattigkeit oder Konzentrationsschwäche sowie allen aufgeführten Beschwerden verabreicht.

Wacholdersirup

- Kochen Sie 100 g zerquetschte Beeren mit 400 ml Wasser weich.
- Seihen Sie ab und kochen Sie mit Zucker zu Sirupdicke ein.

Damit haben Sie einen hustenstillenden Sirup, der auch Kindern gut bekommt. Nehmen Sie morgens und abends je einen Eßlöffel davon in einem Glas warmer Milch zu sich.

Entschlackungskur

- Nehmen Sie 8 Beeren täglich 8 Wochen lang ein.

Diese Kur dient zum Entwässern und Entschlacken. Sie können sie auch als blutreinigende Frühjahrskur anwenden oder bei nervösen Kopfschmerzen versuchen.

Wacholderessig

- Kochen Sie $^1/_2$ Handvoll Wacholderbeeren mit 1 l Wein- oder Obstessig auf.
- Lassen Sie den Essig 10 Tage ruhen, dann filtern Sie ab und füllen ihn in Flaschen um.

Der Wacholderessig fördert die Hautdurchblutung. Er belebt und erfrischt, wenn Sie müde Beine und Füße damit einreiben. Als desinfizierenden Zusatz können Sie den Essig auch dem Fußbad zufügen. Sie können Wacholderessig aber auch in der Küche verwenden.

Haarlotion

- Geben Sie 50 g Wacholderbeeren mit 100 ml Wacholderessig in $^1/_2$ l Wasser.
- Kochen Sie kurz auf, lassen Sie das Ganze abkühlen und filtern Sie dann ab.

Diese Lotion lindert Haarausfall und wirkt Durchblutungsstörungen der Kopfhaut und dem damit verbundenen Juckreiz entgegen.

Wacholderaufguß

- Setzen Sie 50 bis 100 g Wacholderreisig mit $^1/_2$ l Wasser auf.
- Lassen Sie das Ganze erst 20 bis 30 Minuten köcheln, danach weitere 15 Minuten ziehen.

Diesen Kräuterabguß nimmt man wegen seiner antiseptischen Wirkung zum Auswaschen von Wunden. Sie können sich damit auch Umschläge, Kompressen oder Wickel machen.

Wacholdergeist

- Mischen Sie die Zutaten.
- Wenden Sie Wacholdergeist nur äußerlich an: Reiben Sie damit schmerzende Gelenke ein.

15 ml Terpentinöl (Apotheke)
15 ml Wacholderöl
15 ml Salmiakgeist

Wacholderspiritus

- Setzen Sie 150 g reife, zerdrückte Beeren mit $^1/_2$ l 70%igem Alkohol an.
- Lassen Sie den Spiritus 14 Tage reifen, dann filtern Sie ab.
- Während der Ruhezeit sollten Sie die Mischung hin und wieder einmal aufschütteln.

Innerlich ist der selbstgemachte Wacholderkorn bei allen schon genannten Beschwerden anzuwenden, äußerlich ist er zur Einreibung bei Ischias, Gicht oder rheumatischen Gelenkschmerzen geeignet. Zur innerlichen Einnahme geben Sie zwanzig Tropfen auf ein Löffelchen mit Zucker (bis dreimal am Tag).

Wacholderbranntwein

- Mischen Sie 1/2 l guten Wacholderkorn oder selbstgemachten Wacholderspiritus mit 500 g Honig und etwas Olivenöl.
- Lassen Sie den Ansatz 10 bis 14 Tage bei gelegentlichem Schütteln ruhen.

Bei Magenbeschwerden nehmen Sie morgens und abends je ein Likörgläschen davon.

Wacholderbeeren gegen Magenschwäche

- Mischen Sie 20 g Wacholderbeeren mit 20 g Anis, 20 g Kümmel und 20 g Zucker und pulverisieren Sie das Ganze im Mörser.

Die Einnahme erfolgt bei Magenschwäche:
1. Woche 3 x täglich vor dem Essen 1 TL
2. Woche 2 x täglich vor dem Essen 1 TL
3. Woche 1 x täglich vor dem Essen 1 TL
4. Woche 1 x täglich vor dem Essen 1 TL

Wacholderwein gemischt

25 g Wacholderbeeren
10 g Wacholdernadeln
10 g Meerrettichwurzel
0,7 l Weißwein

- Geben Sie die Zutaten in den Weißwein.
- Lassen Sie das Ganze eine Woche ziehen, dann seihen Sie ab.

Von diesem Medizinalwein trinken Sie am Tag ein bis zwei kleine Gläschen; das beugt Arterienverkalkung vor.

Sehr bekannt ist sicher die von Sebastian Kneipp empfohlene **Wacholderbeerkur,** von der man sagt, daß sie auch das ungesündeste Blut reinige. Man geht wie folgt vor:

- Am 1. Tag zerkaut man 4 Beeren, auf den Tag verteilt.
- Bis zum 12. Tag nimmt man täglich eine Beere dazu.
- Ab dem 13. Tag wird in absteigender Reihenfolge fortgesetzt, d.h. täglich eine Beere weniger, bis man wieder bei vier Beeren angelangt ist.
- Danach muß ein Pause von mindestens zwei Monaten erfolgen.

Walnuß

Botanik, Geschichte, Kultur

Der Walnußbaum *(Juglans regia L.)* wird in unserer Heimat nur sehr selten wildwachsend angetroffen. Er kann einen Stammumfang von drei Metern erreichen, bis zu 25 Meter hoch und ungefähr 200 Jahre alt werden.

Junge Bäume haben eine noch recht weiche Rinde, die erst im zunehmenden Alter blaßgrau wird und eine rissige Borke erhält. Die Blätter sind unpaarig gefiedert. Das bedeutet, daß sie jeweils 5 bis 9 langovale, glatte, ganzrandige Blättchen entwickelt. Wenn Sie diese Blättchen zwischen Ihren Fingern zerreiben, nehmen Sie einen aromatischen, leicht herben Geruch war.

Im späten Frühjahr kommen männliche und weibliche Blüten gleichzeitig vor, denn die Walnuß ist einhäusig. Sie sind hellgrün, ganz klein und fast nur aus der Nähe zu entdecken. Die weiblichen Blüten stehen in Gruppen von 2 bis 4 an den Enden der jungen Triebe zusammen. Männliche Blütenstände sind hängende 8 bis 10 cm große Kätzchen an den vorjährigen Trieben. Anfangs sind sie noch grün, werden mit der Zeit dunkelbraun und fallen ab, wenn sie ihren Blütenstaub abgegeben haben. Danach beginnt bei den weiblichen Blüten der Fruchtknoten zu schwellen, und jeder entwickelt sich zu einer Walnuß, die in der Mitte von einem schmalen Holzkreuzchen geteilt wird.

Reif sind die Nüsse im September oder Oktober. Zu dieser Zeit beginnt das Fruchtfleisch zu trocknen, die grüne fleischige Schale bricht auf und die begehrte Frucht in ihrer braunen holzigen Schale fällt zu Boden.

Blätter werden im Juni, Schalen und Nüsse zur Reifezeit und die Blüten im Mai/Juni gesammelt. Die grünen Schalen sollten gesammelt werden, solange sie noch ganz weich sind, etwa um den Johannistag (24. Juni) herum. Das gilt vor allem für das aus Omas Zeiten stammende Nußlikörrezept (siehe Seite 124). Ansonsten reicht die Sammelzeit von Juni bis zum August.

Damit die Nüsse nicht von Maden oder Schimmel befallen werden, müssen Sie vor dem Lagern sehr gut trocknen. Zuerst kann man sie einige Tage der Sonne aussetzen und – bei kleineren Mengen – im Backofen nachtrocknen.

Falls Sie die Haltbarkeit mit Schwefeln verlängern möchten, füllen Sie die Nüsse am besten in weitmaschige Säckchen, die sie draußen an einem Gestell aufhängen. Darunter werden in einem feuerfesten Gefäß Schwefelfäden abgebrannt und die Nüsse damit beräuchert. Die Schwefelfäden bekommen Sie in Apotheken und Drogerien.

Vorsicht

Wenn Sie Walnüsse kaufen, achten Sie darauf, daß sie eine dunkle Schale haben. Nüsse mit hellen Schalen sind gebleicht und behandelt.

Wirkstoffe und Anwendungen

Inhaltsstoffe

- Gerbsäure
- Tannin
- Zitronen-Apfelsäure
- Eiweiß
- Kalk
- Phosphor
- Kalium
- ungesättigte Fettsäuren
- Vitamine
- ätherische Öle

Wirkung

- blutreinigend
- nervenstärkend
- leistungssteigernd
- cholesterinsenkend
- schweißregulierend
- heilend
- wurmtreibend

Anwendung bei

- Magen-Darm-Erkrankungen
- Leberleiden
- Arterienverkalkung
- Körperschweiß
- Durchfall
- Geschwüren
- Ekzemen
- Frostbeulen

Walnußblätter weisen einen hohen Gehalt an Gerbstoffen auf. Deren entzündungswidrige und adstingierende Eigenschaften kommen besonders bei Magen-Darm-Erkrankungen, Entzündungen der Schleimhäute, Gicht, Erkrankungen des Lymphdrüsensystems und der Knochen oder bei Darmparasiten zur Wirkung. Außerdem regen sie die Ausscheidungsorgane an, was zur Blutreinigung und zur erhöhten Ausleitung von Stoffwechselschlacken und Giftstoffen beiträgt.

Walnußblätter eignen sich auch für äußerliche Anwendungen als Umschläge bei Flechten, chronischen Ekzemen oder anderen Hauterkrankungen.

Poröse, brüchig weiche Fingernägel können mit dem **Blätteraufguß** stabilisiert werden. Dem Fußbad hinzugefügt, hilft er auch bei schmerzenden Füßen, Nagelbettentzündungen oder Fußschweiß.

Bei der Behandlung von Skrofulose und Tuberkulose haben die in den Blättern und grünen Schalen enthaltenen Bitterstoffe und das Tannin sich als sehr nützlich erwiesen. Früher wurde auch bei Diabetes großes Vertrauen in die Wirksamkeit des Blätteraufgusses gesetzt. Selbst die dünnen kleinen Holzkreuzchen, die jede Frucht unterteilen, unterstützten als Tee verabreicht die Therapie. Das gleiche galt bei Nervosität, Erschöpfung und leichter Herzschwäche. Die zu Pulver zerriebenen Kätzchen wurden bei Blutungen, Hämorrhoiden und Durchfall oder – als Salbe – gegen Schuppen eingesetzt.

Nüsse und das daraus gewonnene **Öl** sind ein wertvolles Nahrungsmittel, insbesondere für Vegetarier. Sie enthalten lebensnotwendige Fettsäuren, B-Vitamine, Vitamin E, viele Mineralstoffe und Eisen. Die ungesättigten Fettsäuren braucht der Mensch, um seine Zellen funktionsfähig zu erhalten. Sie dienen zudem als Vorstufe für die Bildung von Gewebshormonen. Außerdem schützen sie die Blutgefäße vor arteriosklerotischen Veränderungen. Besonders die Linolsäure senkt den Cholesterinspiegel.

Nußöl wird im Reformhaus angeboten. Sie nutzen es wie üblich als Salatöl. Ein Teelöffel Nußöl hilft bei Blähungen. Sie können es aber auch äußerlich zur Pflege trockener Haut verwenden, es hat sogar einen leichten UV-Schutz.

Beachten Sie

Nüsse sind dank ihres hohen Eiweiß- und Fettgehaltes eine hochwertige Energiequelle. Bei Figurproblemen sind sie als Nahrungsergänzung sparsam zu genießen.

100 g Nüsse (=705 kcal) enthalten:

Eiweiß	14,6 g
Fett	62,7 g
Kalium	570 mg
Kalzium	70 mg
Magnesium	134 mg
Phosphor	430 mg
Vitamin A	80 I.E.

- Vitamin B_1 0,36 mg
- Vitamin B_2 0,12 mg
- Vitamin C 15 mg
- Niacin 1,00 mg

Volksmedizinische Weisheiten

- Bei Geschwulsten fanden Auflagen aus in Bier gesottenen Walnußwurzeln Verwendung.
- Mit dem kräftigen Sud gekochter grüner Walnußschalen färbte man sich die Haare braun.
- Der Absud von Walnußschalen mitsamt der Frucht dient auch zur Kräftigung dunkler Haare. Man reibt die Kopfhaut damit ein und läßt den Sud einige Zeit einwirken. Das gibt Glanz und Fülle für das Haar.
- Früher kochte man grüne Walnußschalen mit etwas Wasser dick ein, fügte dann Honig hinzu und kochte wieder auf, bis die Masse Fäden zog: Von diesem Mittel gegen Halsgeschwüre sollte man schluckweise 1- bis 2mal am Tag 1 TL in einem Glas Wasser auflösen und trinken.
- Es wurde empfohlen, nach Fischgerichten Nüsse zu verzehren, da sie Feuchtigkeit binden und die Verdauung stimulieren.
- Die Tinktur wurde aus Walnußschalen oder auch aus der Rinde hergestellt: Sie wurde mit Weingeist knapp bedeckt, mußte 14 Tage warm ruhen, wurde dann ausgedrückt und gut gefiltert. Man nahm am Abend 4 bis 5 Tropfen ein und versprach sich davon Hilfe bei Impotenz.

- Eine besondere Heilsalbe, die auch bei Geschwulsten und üblen Wunden Verwendung fand, stellte man aus gemahlenen Nüssen her, denen etwas Honig und Rautenpulver beigemengt wurde.
- Saft aus den grünen, weichen Nußschalen diente zum Gurgeln bei Mundentzündungen.
- Walnußblättersaft, in die Ohren geträufelt, sollte Geschwüre heilen, Nußöl, ebenso angewendet, Ohrensausen lindern.
- Zerstoßene Nüsse strich man auf blaue Flecken.

Bachblüten

»Walnut« hilft, innere Stärke zu gewinnen.

»Walnut« ist für Menschen bestimmt, die neue Wege gehen möchten, die sich von der Vergangenheit lossagen wollen.

Die Essenz der Walnuß kann helfen, innere Stärke zu gewinnen und neugesteckte Ziele zu bejahen. In Zeiten der Neuorientierung neigen diese Menschen zu Unsicherheiten und Wankelmut. Oft lassen sie sich durch die Beeinflussung anderer zu sehr irritieren und stellen ihre Entscheidungen immer wieder in Frage.

Rezepte

Walnußblättertee

- Kochen Sie 1 bis 2 EL Walnußblätter mit 1 Tasse Wasser kurz auf.
- Lassen Sie das Ganze etwa 10 Minuten ziehen.

Hiervon trinken Sie dreimal am Tag eine Tasse bei Magen-Darm-Erkrankungen, Durchfall, bei Leberbeschwerden oder zur Blutreinigung. Äußerlich können Sie den Tee für Umschläge hernehmen, z.B. bei Furunkeln, Flechten oder Ekzemen, ebenso als Fußbadzusatz bei Frostbeulen und Fußschweiß. Wenn Sie unter brüchigen Fingernägeln leiden, können Sie sich gleich etwas mehr Tee kochen und in einem Schälchen die Finger darin baden.

Aufguß

- Kochen Sie 1 TL Walnußblätter und einige grüne Walnußschalen mit 1 großen Tasse Wasser auf.
- Lassen Sie das Ganze ziehen und seihen Sie dann ab.

Die Anwendung erfolgt wie im Rezept zuvor, nur sollten Sie am Tag nicht mehr als drei Tassen trinken.

Bad

- Setzen Sie 500 g Blätter über Nacht in 1 bis 2 l Wasser an.
- Kochen Sie vor Gebrauch kurz auf, filtern Sie ab und geben Sie die Flüssigkeit dem Badewasser zu.
- Baden Sie nicht länger als 15 Minuten.

Das Bad hilft bei Geschwüren, Furunkeln und anderen Hauterkrankungen. Sie können es auch für Waschungen und Fußbäder nehmen. Bei Fußschweiß sollten Sie die Anwendung über einige Wochen fortsetzen.

Vorsicht

> Der Absud färbt sehr stark auf die Kleidung ab.

Walnußgeist

- Zuerst mischen Sie Nüsse und Schalen mit dem Wasser und dem Alkohol.
- Lassen Sie das ganze 45 Tage stehen, tagsüber nach Möglichkeit in der Sonne.
- Erst dann fügen Sie die Gewürze hinzu und stellen alles nochmals für 10 Tage in den Schatten bzw. in einen dunklen Raum.
- Zum Schluß filtern Sie ab.

500 g grüne weiche Walnüsse und Walnußschalen
$^1/_2$ l Alkohol (60%)
$^1/_2$ l Wasser
4 Gewürznelken
4 g Zimt
10 Fenchelkörner
evtl. einige getrocknete Rosenblätter

Walnußkorn

- Übergießen Sie die Nüsse und die Zimtstange mit dem Korn und lassen Sie das Ganze 3 bis 4 Wochen in einem warmen Raum oder in Heizungsnähe stehen.
- Dann seihen Sie ab und fügen nach Geschmack noch etwas Zuckerwasser oder Kandis dazu.

200 g gehackte Walnüsse
1 Zimtstange
1 Flasche Korn

Dieser Korn stärkt den Magen; Sie können ihn auch zwischendurch als eine Art »Aufgesetzten« trinken.

Walnußlikör

- 25 grüne Walnüsse (um Johanni gepflückt)
- 1 l Korn
- 2 bis 3 Gewürznelken
- 1 St. Vanillestange
- 1 St. Zimtrinde
- 1 halbe ungespritzte Orangenschale
- 1/4 l Wasser
- 500 g Zucker

- Begießen Sie die geviertelten Nüsse mit dem Korn, so daß sie gut bedeckt sind.
- Fügen Sie die Gewürznelken, die Vanillestange, die Zimtrinde und die Orangenschale dazu und lassen Sie das Ganze 4 Wochen ruhen.
- Dann filtern Sie ab und geben den im Wasser aufgelösten Zucker hinzu.

Trinken Sie bei Magen- und Leberbeschwerden oder zur Blutreinigung ein halbes Likörglas nach dem Essen. Sie können auch erst mit einem kleinen Teelöffel voll beginnen.

Walnußblätterwein

- Übergießen Sie 25 g getrocknete leicht zerriebene Blätter mit
- 1 l Weißwein.
- Lassen Sie den Wein drei Tage ziehen und filtern Sie dann ab.

In der Volksmedizin wird dieser Wein bei Gelbsucht und anderen Lebererkrankungen sowie bei unregelmäßiger Monatsblutung empfohlen. Vor jeder Hauptmahlzeit trinken Sie ein halbes Likörglas.

Walnußblätterwein/Variante

- Übergießen Sie 60 g frische Blätter mit 0,7 l trockenem Weißwein.
- Lassen Sie den Wein 8 bis 10 Tage ziehen und seihen Sie dann ab.

Der Wein ist von etwas stärkerer Konzentration als im vorigen Rezept. Trinken Sie bei Blutarmut und Lungenemphysem ein halbes Likörglas vor jeder Hauptmahlzeit.

Walnußschalensirup

- Kochen Sie die Schalen mit den Gewürznelken in dem Wasser kurz auf.
- Lassen Sie sie 15 Minuten ziehen.
- Dann filtern Sie ab, kochen die Flüssigkeit mit dem Zucker dick ein und füllen noch heiß in vorbereitete Flaschen um.

Dieser Sirup ist ein magen- und nervenstärkendes Therapeutikum. Nehmen Sie davon dreimal täglich 1 Teelöffel nach dem Essen.

2 bis 3 Handvoll grüne, kleingeschnittene Schalen
1 l Wasser
3 Gewürznelken
1 kg Rohrzucker

Hautöl

- Nehmen Sie eine Handvoll grüne Walnußschalen und schneiden Sie die Schalen einmal durch (Vorsicht: Walnußsaft färbt die Hände, ziehen Sie besser Handschuhe an).
- Geben Sie die Schalen in ein weithalsiges Glas, so daß etwa zwei Drittel bedeckt sind, und füllen Sie mit Olivenöl o.a. auf.
- Lassen Sie das Öl an einem warmen Ort oder in der Sonne drei Wochen ruhen, dann filtern Sie ab und lagern es kühl.
- Sie können das Rezept im nachhinein je nach Vorliebe mit dem ätherischen Öl von Rosmarin, Latschenkiefer, Lavendel, Zitrone, Neroli oder anderen abwandeln.

Tip

> Von der fertigen Mischung können Sie 10 ml mit 2 bis 3 Tropfen ätherischem Nelkenöl vermischen: das ergibt ein insektenabweisendes Öl. Ebenso fertigen Sie mit ätherischen Ölen Ihrer Wahl ganz individuelle Massage- oder Körperöle an.

Haarcreme

- Erhitzen Sie 15 g junge, zerriebene Walnußkätzchen mit 300 g Schmalz und lassen Sie das Ganze kurze Zeit richtig brutzeln.

- Die Kätzchen sollen über Nacht in dem Fett ziehen, dann erwärmen Sie nochmals und filtern ab.
- Gut verschlossen hält sich die Haarcreme im Kühlschrank wochenlang.

Man sagt dieser Zubereitung nach, daß sie vorzeitigem Haarausfall und Schuppenbildung entgegenwirkt. Sie sollte nach jeder Haarwäsche leicht in die Kopfhaut einmassiert werden.

Antischuppenmittel

1 Handvoll grüne Nüsse (Mitte Juni pflücken)

1/2 l Weißwein

1/2 l Olivenöl

- Zerkleinern Sie die grünen Nüsse und geben Sie sie in eine weithalsige Flasche.
- Füllen Sie mit dem Weißwein und dem Olivenöl auf.
- Lassen Sie den Ansatz 3 Wochen bei gelegentlichem Schütteln an einem warmen Platz ruhen.
- Anschließend filtern Sie ab und bewahren die Flüssigkeit in gut verschließbaren Flaschen auf.

Dieses natürliche Antischuppenmittel sollten Sie bei trockenem strapaziertem Haar einmal pro Woche anwenden. Es fettet die Haare und ist als Regenerationskur zu betrachten.

Teemischungen

Die folgenden Teemischungen eignen sich hervorragend zur Behandlung bestimmter Beschwerden.

Erkältungskrankheiten

20 g Weidenrinde
20 g Holunderblüten
20 g Lindenblüten
10 g Mädesüßblüten
10 g Hagebuttenschalen
10 g Thymian

- 2 EL der Mischung mit 1 Tasse kochendem Wasser übergießen und 10 Minuten ziehen lassen.

Bei fiebrigen grippalen Infekten, Grippe oder Husten trinken Sie mehrmals täglich eine Tasse.

Erkältung

20 g Lindenblüten
20 g Holunderblüten
20 g Kamillenblüten
20 g Thymian

- 1 TL der Mischung mit 1 Tasse kochendem Wasser übergießen und 5 bis 10 Minuten ziehen lassen.

Bei Erkältungsbeschwerden mit Fieber, Schnupfen, Halsweh, allgemeiner körperlicher Schwäche trinken Sie den Tee dreimal täglich.

Übermäßige Schweißbildung

20 g Walnußrinde
40 g Salbeiblätter
40 g Ysopkraut

Jeweils 2 EL der Mischung mit 1 Tasse kochendem Wasser übergießen und 10 Minuten ziehen lassen.

Übermäßige Schweißbildung kann durch Übererregbarkeit, Stoffwechselstörungen, nervöse Fehlsteuerungen u.a. entstehen.Trinken Sie abends vor dem Schlafengehen 1 bis 2 Tassen des Tees.

Arthritis

20 g Birkenblätter
20 g Brennesselblätter
20 g Wiesengeißbart
20 g Teufelskralle
30 g Löwenzahnwurzel

1 TL der Mischung mit 1 Tasse kochendem Wasser übergießen und 10 Minuten ziehen lassen.

Bei chronischer oder akuter Gelenkentzündung können auch erkrankte Zahnwurzeln oder Mandeln, Entzündungen des Nierenbeckens oder der Gallenblase vorliegen. Der Tee kann dreimal täglich nach dem Essen schluckweise getrunken werden, am besten ungesüßt wie alle Kräutertees.

Hexenschuß

20 g Wacholderbeeren
20 g Wollkraut (Herba verbasci)
20 g Baldrianwurzel
10 g Angelikawurzel
10 g Holunderblüten
10 g Lindenblüten

2 EL dieser Mischung mit $^{1}/_{4}$ l kochendem Wasser übergießen und 10 Minuten ziehen lassen.

Die Ursachen für einen Hexenschuß können sehr vielfältig sein, wie z.B. chronische Entzündungen im Körper, Lungen- oder Nierenleiden, Nervenerkrankungen, Erkrankungen des Dickdarms, Wirbelverschiebungen u.a. Trinken Sie mehrmals täglich eine Tasse (**nicht** in der Schwangerschaft!).

Nierenentzündung

30 g Birkenblätter
10 g Basilienkraut
20 g Goldrute
20 g Zinnkraut

1 EL dieser Mischung mit $^1/_4$ l Wasser übergießen. Akute Infektionskrankheiten, auch chronisch entzündete Mandeln oder kranke Zahnwurzeln können durch in die Blutbahn gelangte Eiterkeime Ursache einer akuten Nierenentzündung sein. Trinken Sie zweimal täglich 1 Tasse.

Blasensteine

15 g Holunderblüten
15 g Lindenblüten
20 g Hagebutten
10 g Zinnkraut
100 g Rosengalle (Sem. cynosbati)

1 EL der Mischung mit 1 Tasse Wasser abkochen. Trinken Sie morgens 2 Tassen von dem warmen Tee.

Lähmungen

20 g Wacholderbeeren
20 g Salbei
20 g Rosmarin
20 g Meisterwurz (Rhiz. imperat.)
20 g Lavendel
20 g Arnika

- 1 EL der Mischung auf 1 Tasse Wasser geben und 10 Minuten ziehen lassen.

Lähmungen können z.B. durch Schädigung des Nervengewebes aufgrund von Infektionen oder Giften, aber auch durch Druckschädigung eines Nerves oder durch Vitaminmangel entstehen. Trinken Sie zweimal täglich 1 Tasse.

Vorsicht

> Bei Nierenentzündungen müssen Sie den Wacholder weglassen.

Nervenentzündung

10 g Pappelknospen
10 g Kümmel
10 g Hopfen
10 g Borretsch
15 g Baldrianwurzel
15 g Engelwurz
15 g Kamille

- 1 EL der Mischung mit 1 Tasse kaltem Wasser ansetzen und über Nacht stehen lassen.
- Vor Gebrauch kurz aufkochen und 20 Minuten ziehen lassen.

Entzündungen der Nerven können durch Stoffwechselgifte, Zuckerkrankheit, Vitamin-B-Mangel u.a. hervorgerufen werden. Trinken Sie am Abend 2 bis 3 Tassen.

Blutarmut

10 g Lindenblüten
25 g Walnußblätter
25 g Waldmeister
25 g Brennessel
15 g Enzian

- Von dieser Mischung 1 EL auf $^1/_4$ l Wasser geben und 10 Minuten ziehen lassen.

Die Ursachen für Blutarmut können ungenügende Magenverdauung, chronische Entzündungsvorgänge, Infektionen, Nierenstörungen, falsche Ernährung u.a. sein. Trinken Sie 2 Tassen täglich (nicht in der Schwangerschaft!).

Blutreinigung

20 g Schlehdornblüten
20 g Salbei
25 g Wermut
25 g Zinnkraut
10 g Bohnenschalen

1 EL Mischung mit 1 Tasse kochendem Wasser übergießen und 10 Minuten ziehen lassen.
Diese Teemischung hat sich bei Gicht, Rheuma, chronischen Gesundheitsstörungen oder unklaren Ermüdungserscheinungen bewährt. Trinken Sie morgens nüchtern und vor dem Schlafengehen je eine Tasse.

Blutreinigende Kuren regen die Nieren- und Darmausscheidung sowie die Schweißbildung an, wirken also entschlackend. Trinken Sie am Tag drei Tassen (**nicht** bei Nierenreizungen und in der Schwangerschaft).

Gürtelrose

30 g Holunderblüten
20 g Weidenrinde
20 g Johanniskraut
20 g Goldrute
10 g Brennessel

1 TL Mischung mit 1 Tasse kochendem Wasser übergießen und 5 Minuten ziehen lassen.
Gürtelrose ist eine Viruserkrankung (Herpes zoster), die zu neuralgischen Schmerzen und zu bläschenartigen Hautveränderungen führt. Begleitend zur medizinischen Behandlung trinken Sie dreimal täglich eine Tasse.

Bindehautkatarrh

10 g Walnußblätter
10 g Löwenzahn
10 g Tormentillwurzel
15 g Himbeerblätter
5 g Augentrost

1 TL Mischung mit 1 Tasse kochendem Wasser übergießen und 10 Minuten ziehen lassen.
Sobald der Tee lauwarm abgekühlt ist, kann dieser zur Abschwellung der Bindehaut morgens und abends in das Auge geträufelt werden, oder Sie machen Kompressen damit. Trinken Sie dreimal täglich eine Tasse.

Leibschmerzen

30 g Wacholder
40 g Schafgarbe
20 g Kamillenblüten
10 g Baldrian

1 EL Mischung mit $^1/_4$ l kochendem Wasser übergießen und 10 Minuten ziehen lassen.
Akute Infektionskrankheiten, Erkältungen, falsche Ernährung u.a. können Leibschmerzen hervorrufen. Trinken Sie zweimal am Tag eine Tasse heiß (**nicht** bei Nierenreizungen und in der Schwangerschaft!).

Kehlkopfkatarrh

10 g Linde
10 g Odermennig
10 g Knöterich
35 g Salbei

1 EL Mischung mit $^1/_4$ l kochendem Wasser übergießen und 10 Minuten ziehen lassen.
Meistens ist der Kehlkopfkatarrh die Folge einer Erkältung. Trinken Sie dreimal am Tag eine Tasse.

Tips zum Sammeln, Trocknen, Verarbeiten

Es ist etwas ganz wunderbares, wenn man bewußt und neugierig durch die Natur wandert und nach Schätzen ausschaut, die der Gesundheit förderlich sind. Um aber nicht unverrichteter Dinge heimzukommen, muß man schon seinen Kopf heben, herumschauen und sich konzentrieren; man muß aufmerksam sein.

Natürlich läßt sich nicht bestreiten, daß Sammeln auch mit Mühe verbunden ist. Realisierbar ist es auch nur, wenn die Pflanzen in unmittelbarer Umgebung zu erreichen sind. Zuhause benötigt man ein bißchen Platz, denn etwas Unordnung bringen das Trocknen und Bearbeiten der Pflanzenteile oder das Verarbeiten der Beeren schon mit sich.

Tip

> Stellen Sie sich am besten einen Sammelplan auf. Dann laufen Sie nicht Gefahr, einen Erntezeitpunkt zu verpassen, und können Ihre Anwendungen im voraus planen.

Die folgende Tabelle (siehe Seite 139) liefert Ihnen eine Übersicht über die wichtigsten Sammeltermine. Am praktischsten ist es, wenn Sie sich diese Tabelle kopieren. Dort können Sie auch eintragen, was Sie für welches Rezept sammeln möchten.

Bei allem Eifer und allen positiven Gesichtspunkten darf man nicht vergessen, daß jedes Sammeln auch großer Eigenverantwortung bedarf.

Wichtig

Sammeln Sie nur das, was Sie wirklich kennen. Ob Blatt, Blüte, Rinde oder Wurzel, alles wird – medizinisch gesehen – durch das Trocknen und Verarbeiten zu einer »Droge«.

Sorgfältiges Sammeln, Ernten, Verarbeiten und Zubereiten setzt Geduld und Pflanzenkenntnisse voraus. Das ist zu Ihrem eigenen Wohlergehen ebenso erforderlich wie zum Erhalt der wertvollen Pflanzeninhaltsstoffe. Nur in der korrekten Dosierung oder Zusammenstellung haben Sie die Gewähr für eine positive Heilwirkung. Also nicht nach dem Motto: »Viel hilft viel.«

Auch sollten Sie bedenken, daß bei Selbsteinschätzung einer Erkrankung Fehler möglich sind. Obschon man seinen Körper selbst am besten kennt und meisten sehr zuverlässig weiß, was ihm guttut, ist es nicht auszuschließen, daß man die eigentliche Grunderkrankung nicht richtig einschätzt. Das hätte zur Folge, daß man nur oberflächliche Symptome therapiert, die Grunderkrankung aber weiter um sich greift. Im nachhinein erschwert es dem Arzt die Diagnose, da das Krankheitsbild sich nun verschleiert haben könnte. Andererseits muß man wirklich nicht wegen jedem Unwohlsein gleich zum Arzt. Nur wo liegt die Grenze der Selbstbehandlung?

Allgemein gilt

Bei leichten Beschwerden oder Unpäßlichkeiten ist es sinnvoll, zu einem bewährten Hausmittel zu greifen anstatt gleich schwere Geschütze einzusetzen.

Das schließt Nebenwirkungen oder Medikamentenabhängigkeit aus. Die Inhaltsstoffe unserer Heilpflanzen weisen zu etwa 98% kein Suchtpotential auf. Nicht auszuschließen sind **allergische Reaktionen** auf bestimmte Pflanzen oder auf gewisse Pflanzenteile. Bei manchen Medikamenten kommen häufig wesentlich mehr negative Begleiterscheinungen hinzu, wobei einem vom Lesen des Beipackzettels schon Angst und Bange werden kann. Da muß der Arzt schon sehr gewissenhaft Risiko und Nutzen abwägen.

Zum **Sammeln** gehört ein Korb oder eine Papiertüte. Sammeln Sie nur einwandfreie Pflanzenteile. Das nicht an stark befahrenen Straßen oder in andersartig verunreinigten Gebieten gesammelt wird, versteht sich von selbst.

Grundsätzlich kann man sich an folgende Richtlinien halten:

Richtlinien für das Sammeln

- Den größten Wirkstoffgehalt liefern die jungen zarten Blättchen, die vorsichtig gepflückt oder abgestreift werden.
- Regen- oder taunasse Blätter und Blüten könnten zu Hause verderben und schimmeln, deshalb wartet man besser noch ab.
- Blüten werden an sonnigen Tagen gegen mittag vor der Vollblüte gepflückt, noch bevor Bienen und andere Insekten die heilsamen Pollen fortgetragen haben. Sie werden nur leicht ausgeschüttelt, um Insekten oder Staub zu entfernen, jedoch auf keinen Fall gewaschen.
- Früchte werden nur reif geerntet und sogleich verarbeitet. Manche Beeren ernten wir erst nach dem ersten Frost.

Zum **Trocknen** hängt man die zu kleinen Bündeln zusammengerafften Pflanzenteile kopfüber in einem luftigen schattigen Raum auf. Sie können sie auch auf Holz- oder Gitterroste breitflächig ausbreiten, so daß sie nicht übereinanderliegen.

Richtlinien für das Trocknen

- Sind die Blüten sehr winzig, so daß sie durch die Zwischenräume hindurchfallen, legt man Papier oder Geschirrtücher darunter.
- Achten Sie darauf, die Blüten nicht zu quetschen oder zu zerdrücken, um ihre wertvollen Inhaltsstoffe, wie z.B. ätherische Öle, bestmöglich zu erhalten.
- Erst wenn alles vollkommen trocken ist und die Blätter bei Berührung knistern und rascheln, können sie in gut schließende Gefäße gefüllt und gelagert werden. Blät-

ter, die sich beim Trocknen braun verfärbt haben, sollten sie wegwerfen. Im allgemeinen behalten sie ihre natürliche Farbe.

- Wurzelstöcke oder Wurzeln werden vor dem Trocknen gründlich gewaschen und schadhafte Stellen herausgeschnitten. Bei schleimbildenden Wurzelteilen ist es vorteilhafter, wenn sie nur abgeschabt werden.
- Je nach Stärke benötigt die Wurzel etwa einen Monat zum Trocknen und erst, wenn sie sich leicht brechen läßt, kann man sicher sein, daß sie auch im innersten restlos trocken ist und verpackt werden kann. Um den Prozeß zu beschleunigen, wird die Wurzel grob zerkleinert oder einmal geteilt. Sie kann in der Sonne vorgetrocknet werden und bei künstlicher Wärme bei leicht geöffneter Backofentür endtrocknen.

Rinde wird bei feuchtem Wetter gesammelt. Sie enthält wie die Wurzel im Frühjahr und im Herbst die meisten Wirkstoffe. Dabei ist es besonders wichtig, den Baum oder Strauch nicht zu verletzen.

Vorsicht

Ringförmig vom Stamm abgetrennte Rinde führt zum Absterben des Baumes. Zu tiefe Schnitte, die bis in das Saftgewebe des Baumes vordringen, verursachen besonders in der Zeit des Säftetreibens ein Ausbluten des Baumes.

Seien Sie bitte vorsichtig und verantwortungsbewußt. Wenn Sie Rinde sammeln möchten, was Sie am besten nur auf Ihrem Grundstück vornehmen, schneiden Sie mit zwei kurzen Parallelschnitten, die mit je einem Querschnitt enden, nicht zu tief in die Rinde. Danach läßt sich das kleine Quadrat oder Rechteckstückchen herausheben oder abklopfen.

Rinde und Wurzel vertragen künstliche Wärme bis maximal 60 °C; bei Pflanzenteilen, die ätherische Öle beinhalten, sollten 35 °C nicht überschritten werden. Im Wald finden sich auch umgestürzte oder gerade gefällte Bäume, von denen man sich Rinde besorgen kann. Bei vielen Bäumen oder Sträuchern wird nur die Rinde von den etwa 2- bis 3jährigen Ästen gewonnen.

Vorsicht

Fichtensprossen nimmt man nur von den Seitenästen, niemals aus der Spitze, damit würden Sie den schönen Baum verstümmeln. Halten Sie nach frisch gefällten Fichten Ausschau.

Dosen aus Weißblech oder dunkle Gläser eignen sich am besten zur **Aufbewahrung**. Größere Mengen können in Pappschachteln gelagert werden. Wurzeln oder Rindenstücke können auch in Leinensäckchen in einem luftigen schattigen Raum oder auf dem Dachboden aufgehängt werden.

Beachten Sie

- Pflanzenteile sollten nur bis zur nächsten Saison aufgehoben und verwendet werden, da sich ihre Wirkstoffe mit der Zeit verlieren. Eine Ausnahme bildet die Faulbaumrinde, die erst nach einem Jahr Lagerzeit verwendet wird.
- Manche Wurzeln können Sie allerdings bis zu drei Jahre aufheben.

Bevor Sie übriggebliebene Pflanzenteile verwerfen, bieten sich noch Möglichkeiten zur Weiterverwendung an. Wenn Sie z.B. Ihre Tees noch nicht verbraucht haben, können Sie sie für ein Bad verwenden oder Sie füllen sie mit anderen duftenden Pflanzenteilen in ein Kräuterkissen.

Manche übriggebliebenen Pflanzenreste eignen sich auch für ein dekoratives Potpourri, indem man sie mit getrockneten Zitronen- oder Orangenschalen, Zimtstangen, Kiefernzapfen o.a. gestaltet. Damit sie gut duften, kann man sie zusätzlich mit ätherischen Ölen beträufeln

oder Veilchenwurzelpulver darüberstreuen. In einer Schale oder einem hübschen Glas im Zimmer aufgestellt, erfüllen sie noch einmal einen wohltuenden Zweck.
Andere Pflanzenteile eignen sich als Brühe für den Garten, um Ungeziefer abzuwehren.

Tips

- Kontrollieren Sie von Zeit zu Zeit Ihre Bestände und schauen Sie nach, ob noch alles in Ordnung ist. Es besteht die Gefahr, daß sie Schimmel bilden oder von Insekten vernichtet werden.
- Ganz wichtig ist die Inhaltsbezeichnung der aufbewahrten Pflanzen. Auf einem Aufkleber können Sie das Abfülldatum festhalten und vielleicht mit knappen Stichworten die Anwendungsmöglichkeiten dazuschreiben.
- Am besten ist es, alles einzeln zu verpacken und erst bei Bedarf untereinander zu mischen. So können Sie nach jeweiligem Beschwerdebild die sich ergänzenden Pflanzenteile kombinieren.
- Nach einer längerfristigen Einnahme bestimmter Pflanzen empfiehlt es sich, den Tee mal zu wechseln oder mit harmonisierenden Pflanzen zu mischen. Das regt den erkrankten Organismus erneut an und aktiviert seine Selbstheilungskräfte; außerdem kann eine Teemischung bei verschiedenen Symptomen helfen.
- Wichtig ist, daß Sie Ihre Beschwerden genau aufschlüsseln, um die entsprechende Mischung zusammenzustellen. Einige bewährte Teemischungen finden Sie auf Seite 127ff. Ihr Apotheker wird Sie auch gerne beraten.
- Wenn Sie gar nicht weiterwissen und die Beschwerden nicht innerhalb von 4 bis 5 Tagen deutlich besser geworden sind, sollten Sie unbedingt einen Arzt aufsuchen.

	Januar	Februar	März	April	Mai	Juni	Juli	August	September	Oktober	November	Dezember
Apfel				Blüte	Blüte, Blatt	Blatt	Blatt	Frucht	Frucht	Frucht	Frucht	
Aprikose				Blüte, Blatt	Blatt	Blatt	Frucht	Frucht				
Birke			Blüte, Rinde	Blüte, Rinde	Blatt, Rinde	Blatt			Rinde	Rinde		
Eiche			Rinde	Rinde	Blatt, Rinde	Blatt				Rinde	Rinde	
Esche				Rinde	Blatt, Rinde	Blatt	Blatt			Rinde	Rinde	
Faulbaum				Rinde	Blüte, Rinde	Blüte, Rinde	Frucht	Frucht	Rinde	Rinde	Rinde	
Fichte				Blatt, Rinde	Blatt, Rinde				Rinde	Rinde	Rinde	
Kastanie				Rinde	Blüte	Blüte	Blüte		Frucht	Frucht, Rinde		
Kirsche				Rinde	Blüte, Blatt, Rinde	Blatt		Frucht	Frucht	Rinde		
Linde						Blüte, Blatt	Blüte, Blatt					
Pappel			Blüte, Rinde	Blüte, Blatt, Rinde	Blatt, Rinde				Rinde	Rinde		
Schlehe			Blüte	Blüte, Blatt	Blatt					Rinde	Frucht	
Wacholder				Blüte	Blüte	Blüte			Frucht	Frucht		
Walnuß				Blüte	Blüte, Blatt	Blatt, Frucht			Frucht	Frucht		

= Blüte = Frucht =Blatt =Rinde

Baummeditation und Energieübungen

- Ziehen Sie sich zur Meditation in einen Raum zurück, wo niemand Ihre Ruhe stören kann.
- Stellen Sie sich dort bequem, mit leicht gegrätschten Beinen und locker herabhängenden Armen auf einen Platz, an dem Sie sich wohlfühlen.
- Wenn Sie nicht das Gefühl haben, daß Ihnen schwindelig werden könnte, dann schließen Sie während der Übung Ihre Augen.
- Richten Sie nun Ihre ganze Aufmerksamkeit auf Ihre Atmung. Spüren Sie, wie sich Ihre Brust und Ihr Bauch mit jedem Atemzug heben und senken. Lassen Sie Ihre Gedanken wie Wolken vorüberziehen, bewerten oder analysieren Sie nicht. Lenken Sie Ihre Wahrnehmung wieder zurück zu Ihrer Atmung und folgen Sie dem Fluß des Lebensstromes, ohne steuernd einzugreifen. Jeder Atemzug macht Sie lockerer und gelöster. Ihr Atem wird ruhiger und fließender, ruhiger und immer gleichmäßiger.
- Versuchen Sie es eine Weile. Wenn es beim ersten Mal nicht gelingt und Ihre Gedanken Sie wie Schmetterlinge umgeben, macht das gar nichts. Lassen Sie sie unbeachtet und fahren Sie mit der Übung fort.

Stellen Sie sich vor, Sie selbst seien ein Baum. Versuchen Sie, sich diesen Baum bildlich vorzustellen. Sehen Sie genau hin. Beachten Sie, um was für einen Baum es sich handelt. Ist er groß, klein, kräftig? Hat er Blätter oder Nadeln, steht er zwischen vielen anderen Bäumen im Wald oder auf einer bunten Blumenwiese? Sie selbst sind der Baum. Sie erkennen, wie aus Ihren Fußsohlen Wurzeln wachsen, die sich immer weiter ausbreiten, immer tiefer in die Erde hinabsenken, um sich dort fest mit der Lava der Erde zu verbinden. Sie geben Ihnen den Halt und die Stabilität, die Sie benötigen.

Nun heben Sie Ihre Arme an, so als wollten Sie fliegen. Die Handflächen weisen dabei zur Erde. Ihre Arme sind die Äste, die sich ausstrecken und sich dem Licht zuwenden. Ihre Hände nehmen die Kraft der Erde auf; Sie können spüren, wie sie sich erwärmen und ein bißchen kribbeln.

Gleichzeitig spüren Sie, wie sich im Bereich Ihres Kopfes die Baumkrone entwickelt. Weiter und weiter streckt sie sich zum Himmel empor. Ganz sachte nehmen Sie den Wind wahr, der nun durch die Blätter dringt und die Äste ebenso wie den Stamm leicht hin und herbewegt. Sie sind der Baum, der fest verankert und sicher in der Erde steht. Sie wiegen sich im Wind, haben Teil an dem Lufthauch, der über die Blätter streicht. Lassen Sie Ihre Körperreaktion geschehen, lassen Sie sich vom Wind bewegen, der Sie vor und zurückpendelt. Sie genießen diese Bewegung, spüren die Harmonie der Elemente, die Sicherheit und Geborgenheit, die Sie durch die Verwurzelung empfangen.

Langsam legt sich der Wind wieder, sanft klingen Ihre Bewegungen aus. Ruhig und sicher stehen Sie auf der Wiese oder dort, wo Sie Ihren Kraftbaum gefunden haben. Sie spüren noch einmal die Ruhe und Kraft, die Sie durchströmt. Verabschieden Sie sich nun von Ihrem Bild des Baumes, und danken Sie der Energie, die sich Ihnen zur Verfügung gestellt hat.

Machen Sie sich nun bewußt, wo Sie sich befinden und kehren Sie in Ihr Tagesbewußtsein zurück. Wenn Sie bereit sind, atmen Sie drei tiefe Atemzüge ein, öffnen die Augen, recken und strecken sich. Nehmen Sie noch einmal wahr, wie gut Ihnen diese Übung getan hat, und besuchen Sie Ihren Freund bald wieder.

Ich gebe mir Kraft

Wann immer Sie möchten, können Sie sich mit liebevollen Gedanken und der Bitte um Hilfe an das Wesen des Baumes wenden. Bitten Sie ihn um Kraft und Rat. Teilen Sie ihm mit, daß Sie sich unwohl fühlen, daß Sie geschwächt sind, daß Sie bestimmte Probleme momentan nicht lösen können und daß Sie an seiner kraftvollen Energie teilhaben möchten.

Auch wenn es Ihnen anfangs ungewöhnlich erscheint, mit dem Wesen der Bäume in Kontakt zu treten, glauben Sie daran und versuchen Sie es einfach. Seine Energie wird Ihnen helfen, Ihren Energiefluß zu stärken und aufnahmefähiger und offener zu werden. Folgende Energieübungen begleiten und unterstützen diesen Prozeß.

Energieübung 1

Lehnen Sie sich mit dem Rücken an den Baumstamm und lassen Sie die Energieströme des Baumes über Ihre Wirbelsäule in Ihren Körper fließen. Stellen Sie sich dabei vor, wie alles Belastende durch Ihre kleinen Energiezentren unter den Füßen hinab in das Erdreich strömt und gleichzeitig der freiwerdende Raum mit neuer, aufbauender Lebensenergie versorgt wird.

Energieübung 2

Unsere Handinnenflächen, die wie die Füße, mit kleinen Energiezentren ausgestattet sind, nehmen die Energien der Bäume auf und geben diese Kraft an all unsere Organe und Zellen weiter. Führen Sie hierzu Ihre Hände rechts und links an den Stamm heran, ohne ihn zu berühren, aber so, als wollten Sie ihn umfassen. Konzentrieren Sie sich auf die Energie, die Sie nun durchströmt und belebt. Vielleicht spüren Sie Wärme oder ein leichtes Kribbeln in Ihren Handinnenflächen oder in Ihrem Körper. Es reicht völlig, wenn Sie sich für fünf Minuten Ihrer Energieübung widmen. Mit der Zeit werden Sie immer sensibler für diese Energien, und wenn Sie ganz sachte mit Ihren Händen auf den Baum zugehen, können Sie einen minimalen Widerstand wahrnehmen, kaum merklich, so, als sei ein

schwacher Wattepuffer dazwischen. Dann haben Sie die Aura des Baumes gespürt.
Um sich für diese Wahrnehmungen zu sensibilisieren, können Sie das zu Hause üben. Zuerst reiben Sie die Handflächen kurz aneinander und führen sie dann aus etwa 30 cm Abstand ganz langsam zueinander. Sie müssen sich vollkommen auf Ihr Tun konzentrieren. Vielleicht spüren Sie es nicht sofort, das macht aber nichts. Mit der Zeit nehmen Sie wie bei dem Baum einen leichten Widerstand wahr, auch etwas Wärme, ein Pulsieren oder Kribbeln. Sie spüren Ihre Energie, sie durchdringt Ihre Aura.

Sachregister